中国国家博物馆
展览系列丛书

高政 主编

东方故乡

中华大地百万年人类史

主 办

中国国家博物馆

中国科学院古脊椎动物与古人类研究所

北京时代华文书局

中国国家博物馆

展览系列丛书

东方故乡

中华大地百万年人类史

编辑委员会

主　　编：高　政

副 主 编：杨　帆

执行主编：陈成军

编　　委：高　政　杨　帆　陈成军

　　　　　丁鹏勃　陈　莉　张伟明

中国国家博物馆策展团队

策 展 人：王月前

策展助理：胡佳奇　刘羽阳

内容编纂：刘羽阳　孙　虹　胡佳奇

形式设计：苏文笛　邓瑞平　赵　镭　李　墨

藏品文保：贡一文　晏德付

社教宣传：赵婧舒　王思蕴

施工制作：付志银　郭梦江　沙明建　郭友谊

多媒体制作：邓　帅　张雪娇

安全保障：赵　泽　康　健

中国科学院古脊椎动物与古人类研究所策展团队

策 展 人：邓 涛　刘 俊

协调保障：刘光仪　王 原

学术顾问：高 星　刘 武　吴秀杰　裴树文

　　　　　付巧妹　周新郢　王 元

策展助理：孟 溪

内容编纂：吴秀杰　裴树文　周新郢　王 元　平婉菁　孟 溪

展品协助：马 宁　陈 津　耿丙河　王晓龙

布展团队：王晓龙　李承谦　刘现亭　常金平

　　　　　向世均　苏 芳　汪 宇

新闻宣传：刘庆国　侯鞯鸿

图录项目组

统　　筹：刘 俊　王月前

撰　　稿：吴秀杰　裴树文　周新郢　王 元　平婉菁

　　　　　孟 溪　刘羽阳　孙 虹　胡佳奇

编　　辑：王月前　孙 虹　刘羽阳　王 原　孟 溪

编　　务：孙 虹　胡佳奇　邓瑞平

装帧设计：苏文笛　邓瑞平　赵 镭　李 墨

摄　　影：陈 拓

中国国家博物馆展览系列丛书

东方故乡

中华大地百万年人类史

前言

　　对人猿揖别的实证追溯，一直是考古学和人类学研究中的重要课题。19世纪以降，在生物进化论学说的广泛影响下，南方古猿、能人、尼安德特人、丹尼索瓦人等远古人类在世界各地被陆续发现，探寻古人类发展演化的序幕从此揭开。

　　中国是世界上古人类资源最为丰富的地区之一。从1929年周口店遗址发现第一个北京人头骨化石起至今，我国境内已有70多处遗址发现了史前人类化石。分布在广袤中华大地上的元谋人、蓝田人、北京人、金牛山人、山顶洞人等诸多古人类化石，连同大量伴生遗存，共同构成了人类演化发展的直接证据。20世纪80年代后，古DNA（脱氧核糖核酸）开始成为研究人类遗传与演化历史的有力工具，也为探寻人类起源开辟了一条崭新的道路，人类史研究更加异彩纷呈。长期以来，我国考古工作者持续推进中国境内人类起源、现代人起源、旧石器时代考古等方面的研究，以愈加丰富翔实的资料实证我国的百万年人类史，为更好研究中华文明史、塑造全民族历史认知提供了一手材料，为推动全球关于人类起源和演化规律的认识作出了基础性、前瞻性和战略性的创新贡献。最新考古成果表明，我国是东方人类的故乡，同非洲并列成为人类起源最早之地。中华文明是世界上唯一自古延续至今、一脉相承的文明，超过百万年的人类发展史为我国一万年文化史和五千多年文明史的发展演进奠定了坚实基础。

　　本次"东方故乡——中华大地百万年人类史"展览，分为"物竞天择""矗立东方""智慧灵长""现代之路"四个单元。"物竞天择"部分以古脊椎动物演变历程展现生物多样性及与环境的依存关系；"矗立东方"部分以元谋人、蓝田人、泥河湾、北京人等重要发现展示中国直立人的演变形态；"智慧灵长"部分展现具有承上启下意义的智人的发展历程；"现代之路"借助基因组数据成果，展示现代人的直系祖先，即早期现代人的演变格局。展览依托中国科学院古脊椎动物与古人类研究所和中国国家博物馆的丰富馆藏，通过 220 余件（组）文物，结合各类场景还原和多媒体技术手段，生动灵活地将近百年来中国在古人类学、旧石器考古学和古 DNA 研究等方面的最新成果展现出来，全面讲述了人类从猿到人的百万年活动历程，系统阐释了源远流长的文化根系和文明流变。

习近平总书记指出，在历史长河中，中华民族形成了伟大民族精神和优秀传统文化，这是中华民族生生不息、长盛不衰的文化基因，也是实现中华民族伟大复兴的精神力量，要结合新的实际发扬光大。中国国家博物馆代表国家收藏、研究、展示、阐释能够充分反映中华文化的代表性物证，自觉守正创新，担当文化使命，聚力打造彰显民族发展历程、记录民族复兴伟业的历史长廊，展现中华文明永恒魅力和时代价值的文化殿堂，激励人民坚定信心、团结奋斗的精神家园。衷心希望能够通过本次展览，引导广大观众系统了解中国百万年人类活动史发展演进的艰辛历程，深刻感知中华民族和中华文明多元一体、家国一体的丰富内涵，为推进文化自信自强、铸就社会主义文化新辉煌作出新的更大贡献。

目 录

智慧灵长

现代之路

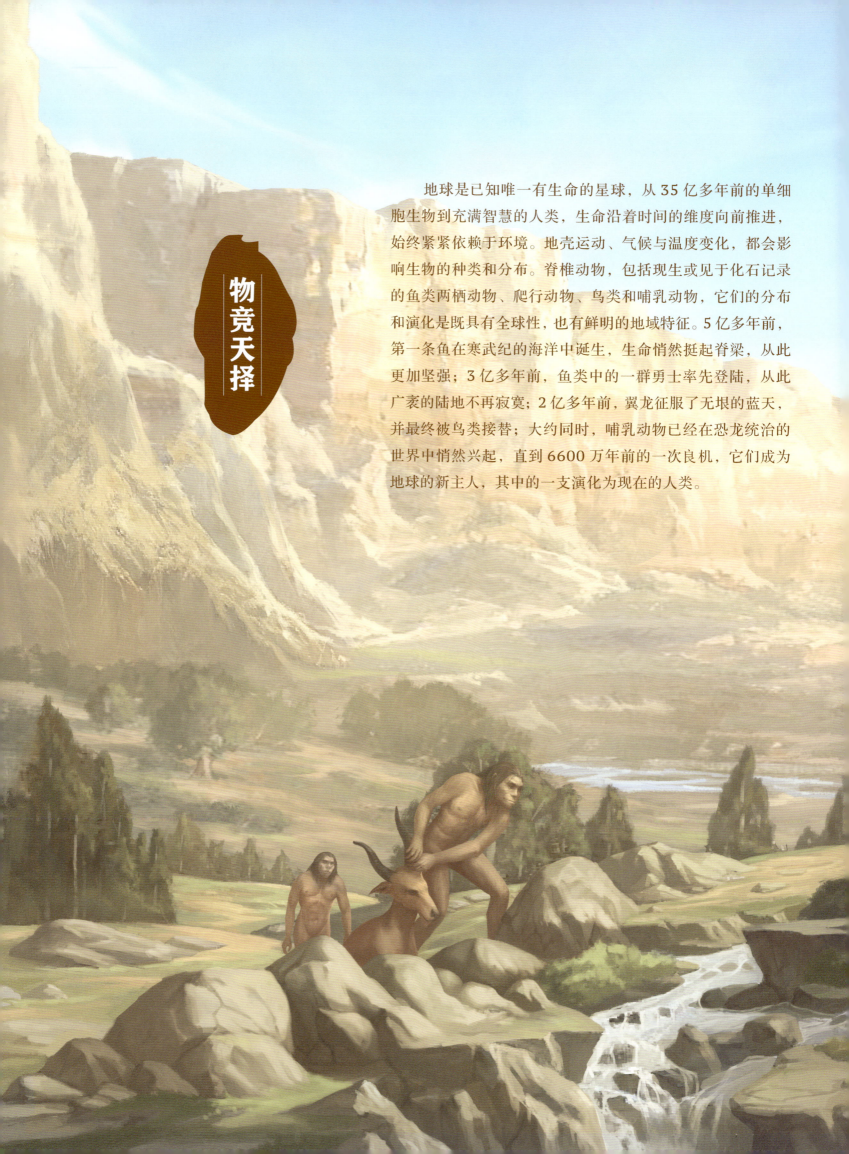

物竞天择

地球是已知唯一有生命的星球，从 35 亿多年前的单细胞生物到充满智慧的人类，生命沿着时间的维度向前推进，始终紧紧依赖于环境。地壳运动、气候与温度变化，都会影响生物的种类和分布。脊椎动物，包括现生或见于化石记录的鱼类两栖动物、爬行动物、鸟类和哺乳动物，它们的分布和演化是既具有全球性，也有鲜明的地域特征。5 亿多年前，第一条鱼在寒武纪的海洋中诞生，生命悄然挺起脊梁，从此更加坚强；3 亿多年前，鱼类中的一群勇士率先登陆，从此广袤的陆地不再寂寞；2 亿多年前，翼龙征服了无垠的蓝天，并最终被鸟类接替；大约同时，哺乳动物已经在恐龙统治的世界中悄然兴起，直到 6600 万年前的一次良机，它们成为地球的新主人，其中的一支演化为现在的人类。

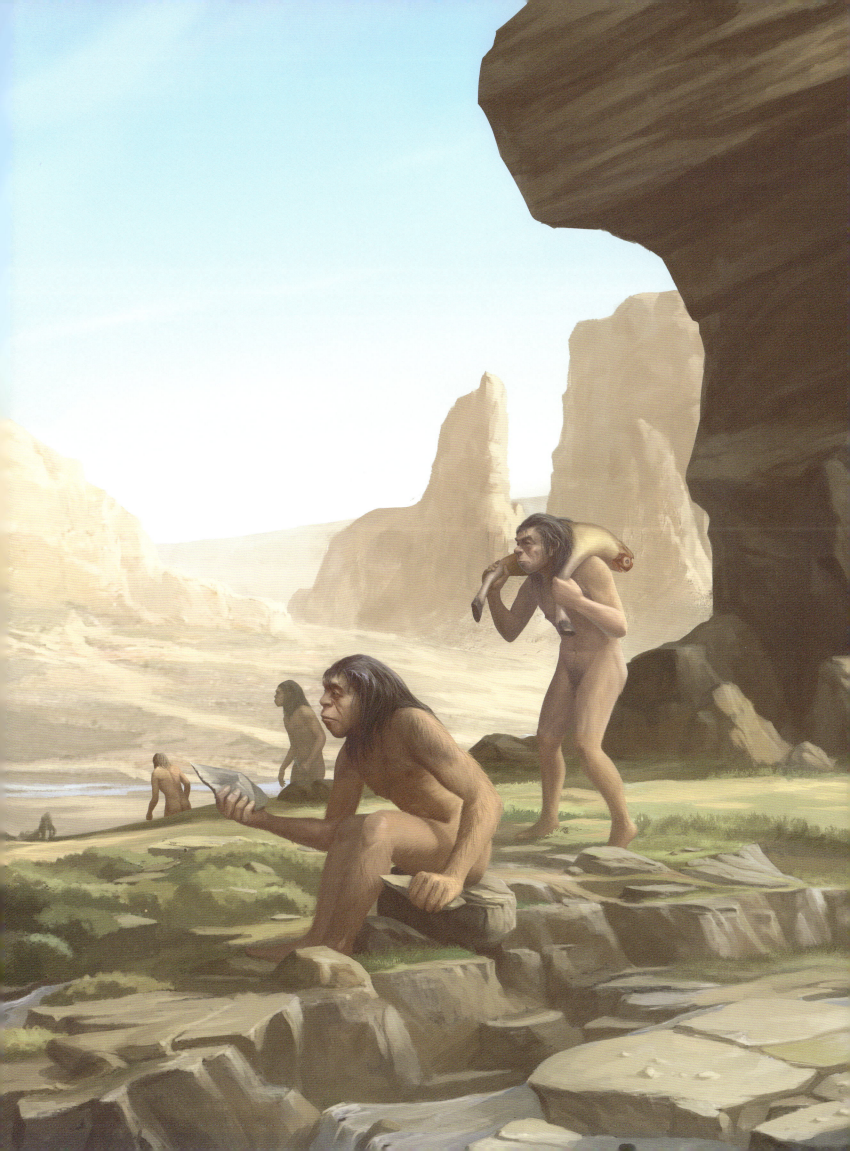

来自海洋

　　从地球上的第一条鱼发展到目前脊椎动物中最繁盛的类群，鱼类的演化过程涵盖了脊椎动物进化历程中两次重大的革命：颌的出现与登陆。古生代海洋脊椎动物发展出两个大的分支：一支进一步适应水中的生活，最后成为今天的各种鱼类；另一支则离开了水域，向条件更加多样化、更富于挑战的陆地发展，演化成为今天的四足动物。

长吻麒麟鱼（楚步澜 绘）

重庆秀山罗德洛世动物群生态复原图（郑秋旸 绘）

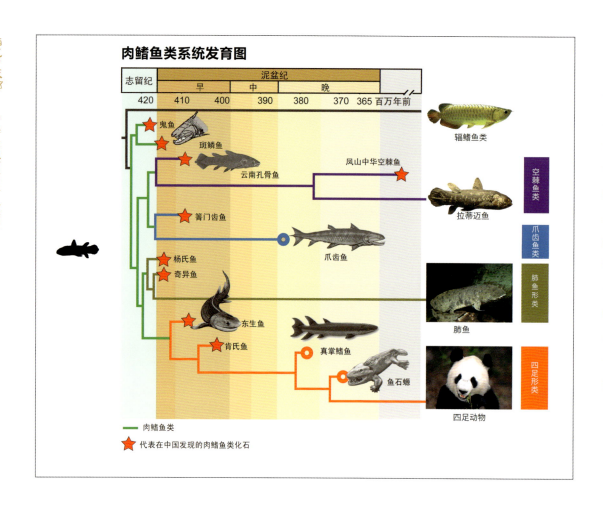

肉鳍鱼类系统发育图

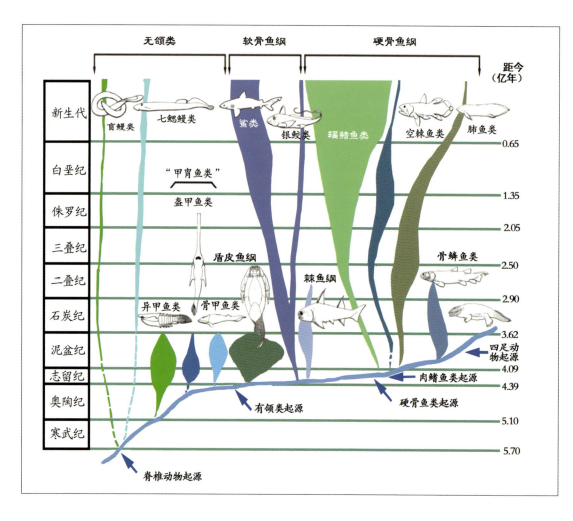

肉鳍鱼类系统发育图

硬骨鱼类是脊椎动物演化的主干，也是如今水域中最为繁盛的脊椎动物。硬骨鱼类最早出现于距今约4.2亿年前的志留纪。硬骨鱼类分肉鳍鱼类和辐鳍鱼类两大支系，它们竞逐地球水域的统治权。肉鳍鱼类是一个举足轻重的类群，在晚泥盆世，一支肉鳍鱼类登上陆地，演化出四足动物。辐鳍鱼类则是鱼类自身演化道路上的主干，是如今地球水域的真正征服者。

鱼类的分类和演化图

长吻麒麟鱼头部骨骼化石

志留纪晚期
云南曲靖
长 14 厘米，宽 8 厘米，高 5 厘米

登陆先锋

　　脊椎动物诞生后的1.7亿年中，它们还都只能生活在水里。直到距今3.7亿年前，一群勇敢的鱼终于长出四条腿，开始了崭新的生活，它们也由此改名为"四足动物"。最早登陆的脊椎动物以格陵兰的鱼石螈为代表，也被称为广义的两栖类，有具趾的四肢替代了鱼鳍。这些早期四足动物的出现表明脊椎动物终于可以逐步摆脱对水的依赖，伺机攻占陆地，从而极大地扩展了脊椎动物的生存空间。

中国最早登陆的四足形类——潘氏中国螈生态复原图（楚步澜 绘）

爬行帝国

　　3亿多年前，气候从湿润转向干燥，羊膜卵的出现使脊椎动物真正适应了陆地环境，最早的羊膜卵是3亿多年前的某种四足动物产下的，它们很快分化为两个支系，并各自辐射演化。一支建立起庞大的爬行帝国，成为中生代地球的统治者；而另一支则另辟蹊径，最终发展成为包括我们人类在内的哺乳王国，成为新生代的王者。6600万年前，爬行帝国遭到了毁灭性的打击，哺乳动物从此崛起。尽管如此，今天的地球上仍然存在千奇百怪且种类繁多的爬行动物大家族。

胡氏贵州龙化石

中三叠世
贵州兴义
长 25 厘米，宽 15 厘米，高 2 厘米

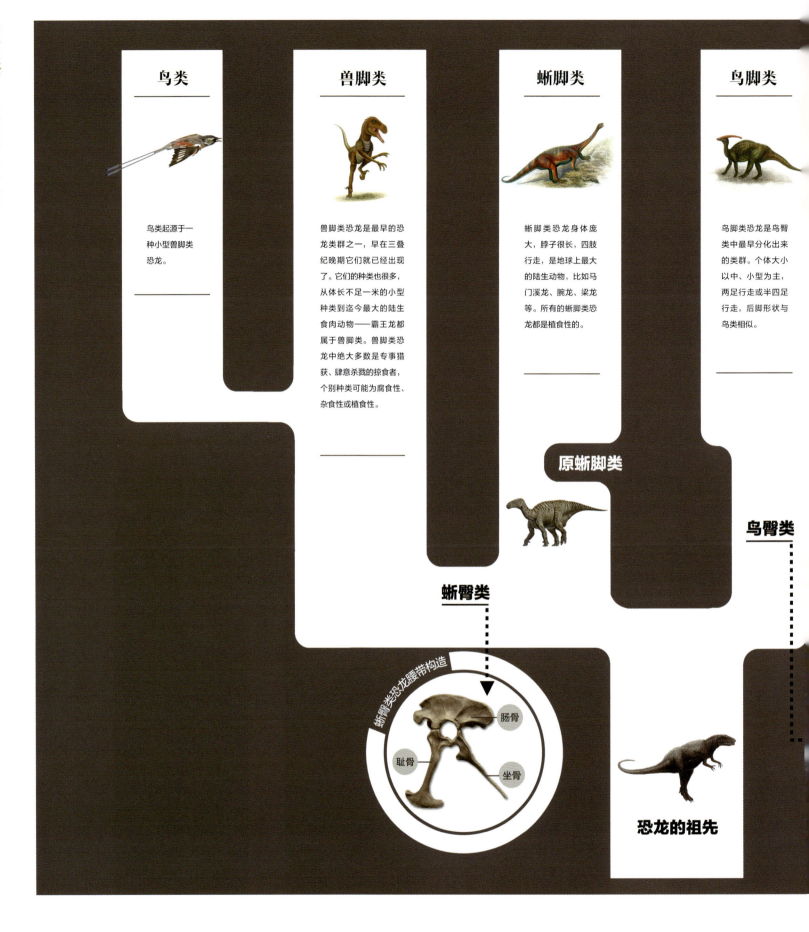

鸟类

鸟类起源于一种小型兽脚类恐龙。

兽脚类

兽脚类恐龙是最早的恐龙类群之一，早在三叠纪晚期它们就已经出现了。它们的种类也很多，从体长不足一米的小型种类到迄今最大的陆生食肉动物——霸王龙都属于兽脚类。兽脚类恐龙中绝大多数是专事猎获、肆意杀戮的掠食者，个别种类可能为腐食性、杂食性或植食性。

蜥脚类

蜥脚类恐龙身体庞大，脖子很长，四肢行走，是地球上最大的陆生动物，比如马门溪龙、腕龙、梁龙等。所有的蜥脚类恐龙都是植食性的。

鸟脚类

鸟脚类恐龙是鸟臀类中最早分化出来的类群。个体大小以中、小型为主，两足行走或半四足行走，后脚形状与鸟类相似。

原蜥脚类

鸟臀类

蜥臀类

蜥臀类恐龙腰带构造

肠骨

耻骨

坐骨

恐龙的祖先

肿头龙类

肿头龙类恐龙从白垩纪早期演化出来，一直生存到白垩纪末，双足行走，头骨异常肿厚，古今动物中没有可以与其相比的。

角龙类

角龙类恐龙被称为恐龙家族的"末代骄子"，主要生活在白垩纪，是最后出现的一类鸟臀类恐龙。除原始的种类外，角龙头上都有数目不等的角，头骨后端向后长出一个宽大的骨质颈盾，覆盖了颈部，有的甚至达到了肩部。

剑龙类

剑龙是鸟臀类中较早分化出来的类群，也是最早灭绝的类群。剑龙类恐龙个体一般几米长，最大者九米，头较小，牙齿细弱，以植物为食，四足行走，行走时，臀部高高拱起。剑龙身体背面从颈部到尾部长着两列骨板，在尾端还有两对长长的尾刺。

甲龙类

甲龙类恐龙四足行走，全身除腹部以外均披有厚重的盔甲。有的种类在身体两侧还有成排的骨棘，简直就像全副铁甲装备的坦克，所以甲龙又被形象地叫作"坦克龙"。

:部为植食性恐龙

鸟臀类恐龙腰带构造

肠骨

坐骨

耻骨

恐龙分类表

恐龙——陆地霸主

最早的恐龙的确切化石记录出现于约2.3亿年前。在三叠纪大多数时间里，恐龙只是当时地球陆地生态系统的一个较为边缘的类群。三叠纪末的大灭绝事件之后，恐龙迅速扩张，成为生态系统中的统治性类群。到了侏罗纪，恐龙的两大分支蜥脚类和兽脚类得到了迅速发展，极度繁盛，鸟臀类的几大类群均已出现并开始辐射演化。白垩纪是恐龙家族全面发展的时期，兽脚类中的一支飞上蓝天，后来演化成鸟类。6600万年前的白垩纪末期，非鸟恐龙全部灭绝。

恐龙蛋化石

晚白垩世
江西赣州
上：长 68 厘米，宽 65 厘米，高 15 厘米
下：长 58 厘米，宽 47 厘米，高 16 厘米

恐龙蛋化石

晚白垩世
山东莱阳
长 36.5 厘米，宽 33 厘米，高 17 厘米

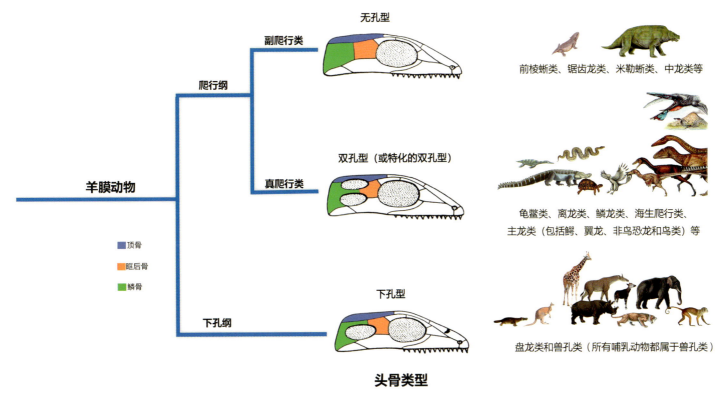

无孔型

副爬行类

爬行纲

爬行纲

顶骨
眶后骨
鳞骨

羊膜动物

前棱蜥类、锯齿龙类、米勒蜥类、中龙类等

双孔型（或特化的双孔型）

真爬行类

龟鳖类、离龙类、鳞龙类、海生爬行类、主龙类（包括鳄、翼龙、非鸟恐龙和鸟类）等

下孔型

下孔纲

盘龙类和兽孔类（所有哺乳动物都属于兽孔类）

头骨类型

爬行动物和哺乳动物演化示意图

中国三叠纪海生爬行类动物群生态复原图（图片来自《畅游在两亿年前的海洋》，李荣山 绘）

重返海洋

　　已经从海洋登陆的脊椎动物逐步开始用肺呼吸，并用四足取代了鱼鳍。然而又
有一些四足动物逆转了这一演化过程，重新回到海洋。恐龙时代的海洋爬行动物如
鱼龙和蛇颈龙，现代的海龟、企鹅、鲸，都是踏上这一征程的代表。

飞羽精灵

1亿多年前，一些小型兽脚类恐龙身上长出了原始的羽毛，之后逐步演化出飞羽。1亿多年前生活在我国东北的各种带羽毛的恐龙（如近鸟龙、小盗龙），正是鸟类起源于恐龙的有力证据。最早的羽毛是纤维状的，随后分叉、出现羽轴并向片状的方向演化。在真正具有飞行能力的羽毛出现之前，羽毛的功能主要是保温和展示（用于种间识别和求偶等）。羽毛使鸟类跟随它们的恐龙近亲，加入了飞行俱乐部，并最终成为四足类中种类最多和分布最广的类群，也是最成功的飞行脊椎动物。

董氏中国翼龙化石

早白垩世
辽宁朝阳
长 57 厘米，宽 57 厘米，高 7 厘米

翼龙——飞向蓝天

在距今2亿多年前的三叠纪晚期，恐龙的近亲——翼龙成为地球上最早会飞的脊椎动物，比鸟类还要早几千万年飞上了蓝天，从而极大地拓展了脊椎动物的生存领域。

新疆哈密翼龙动物群生态复原图（赵闯 绘）

马氏燕鸟化石

早白垩世
辽宁朝阳
长 34 厘米，宽 29 厘米，高 1.2 厘米

顾氏小盗龙化石

早白垩世
辽宁朝阳
长 86 厘米，宽 45 厘米，高 3 厘米

飞向蓝天的"四翼"恐龙——小盗龙

最早具角质喙的古鸟类——孔子鸟复原图（曾孝濂 绘）

哺乳为王

　　最早的哺乳动物出现于三叠纪晚期，距今约2.2亿年。早期的哺乳动物个体很小，在爬行动物称霸的中生代并不起眼，但哺乳动物在中生代的演化史超过了其演化历史的三分之二。它们不如同时代的恐龙身型显著，但由于拥有毛发（从而能维持恒定的体温）、能产奶哺乳后代，有的能直接产下幼崽，于是具有了特殊的生存优势。白垩纪末期的大灭绝后，哺乳动物迅速辐射演化，建立了新的陆地生态系统。

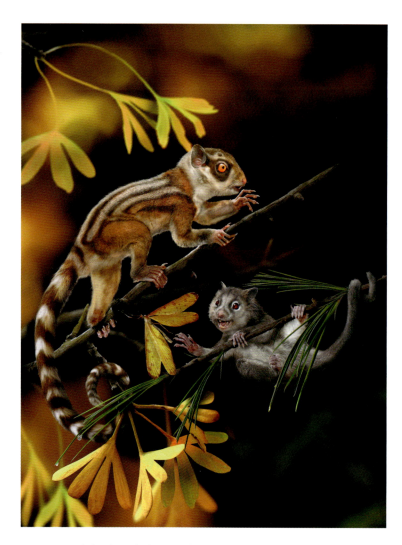

侏罗纪的哺乳动物神兽和仙兽（赵闯 绘）

水龙兽化石

早三叠世
新疆吉木萨尔
长 122 厘米，宽 62 厘米，高 50 厘米

人类崛起

　　人类的演化过程曲折、艰辛，是遗传变异和环境适应共同作用的结果。广义的"人类"都是人亚科（*Homininae*）中人亚族（*Hominina*）的成员，大致分为三大类：最初人类、南方古猿类和人属，其中，最初人类和南方古猿类及人属中的能人只生活在非洲，从近200万年前起，渐渐有一些人属成员走出非洲，他们中的一部分遍布世界各地，成为我们现代人的祖先。经历托麦人、千禧人、地猿、南方古猿、能人、直立人、智人等演化阶段，人类的脑容量逐渐增大，身躯愈发挺拔，生存和适应能力不断提高，社会性日渐复杂。已知证据显示，人类在330万年前已能制作石器，150万年前已能有控制地用火。其后人类的技术与认知日新月异，创造出丰富多彩的物质文化。

世纪曙猿下颌骨化石

中始新世，距今约 4700 万—3700 万年
山西垣曲
上：长 2.4 厘米，宽 1.4 厘米，高 0.3 厘米
下：长 2.6 厘米，宽 1.5 厘米，高 0.3 厘米

　　中国是灵长类的重要演化地，曙猿化石是最早（4500 万年前）
的类人猿化石。这是一类体形小巧的灵长类，这个家系延续到今天
的猕猴类、猿类和人类。

人类演化历程

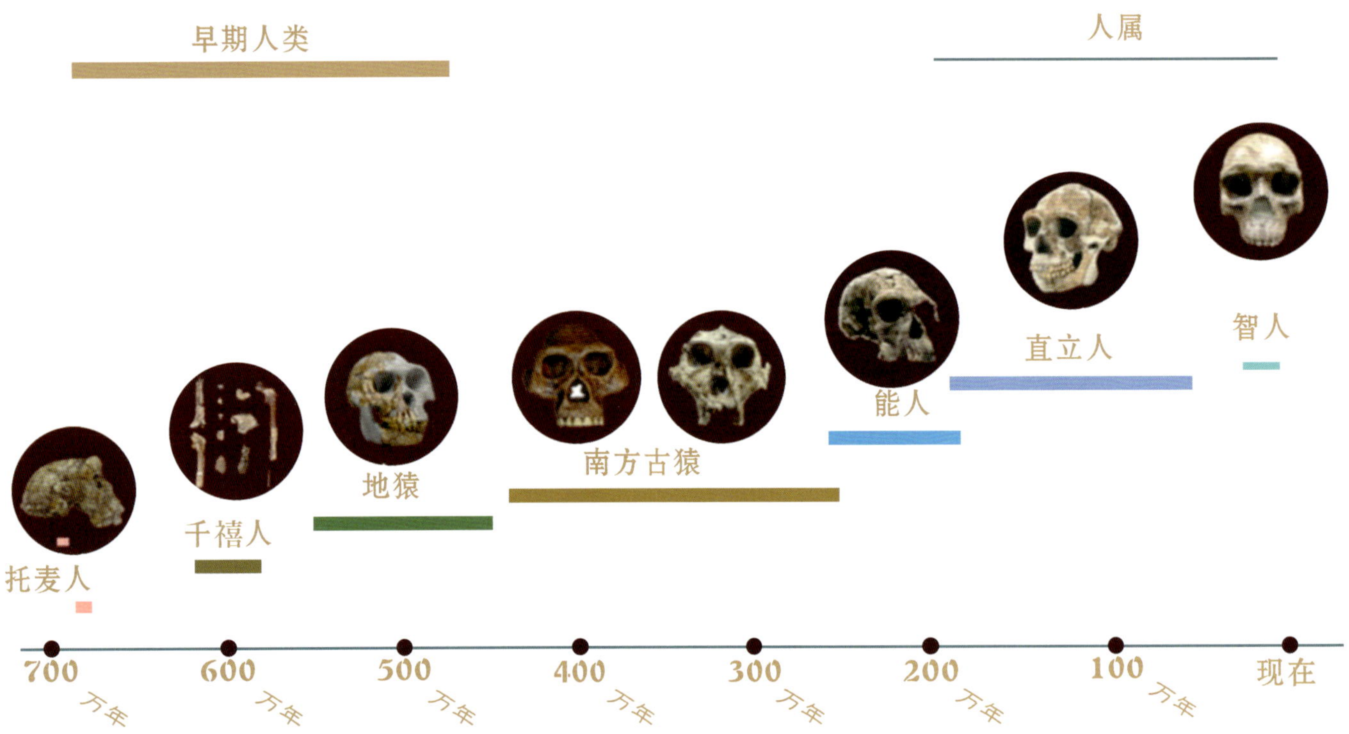

早期人类

人属

托麦人

千禧人

地猿

南方古猿

能人

直立人

智人

700 万年　600 万年　500 万年　400 万年　300 万年　200 万年　100 万年　现在

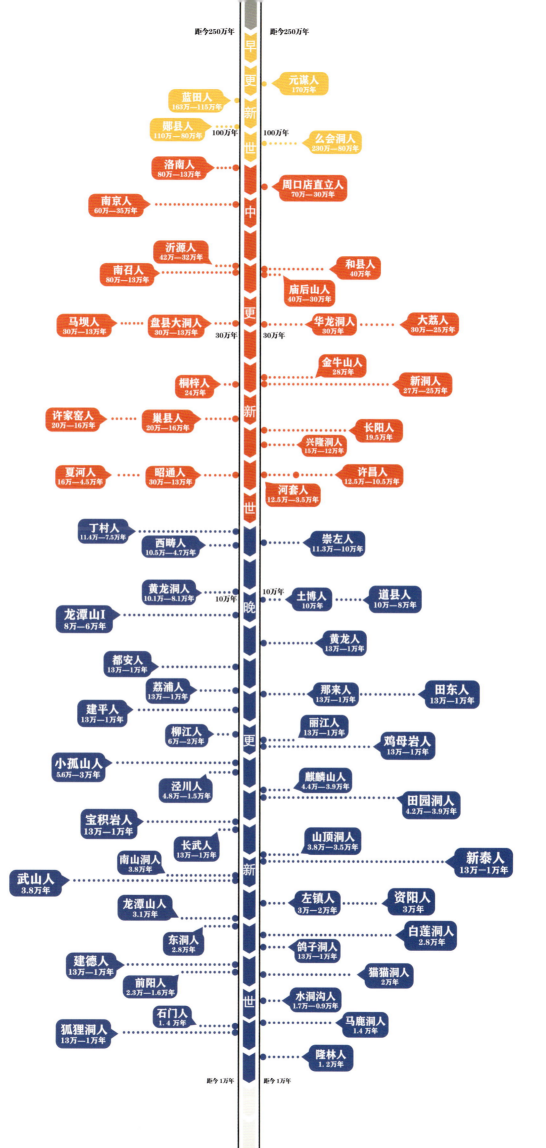

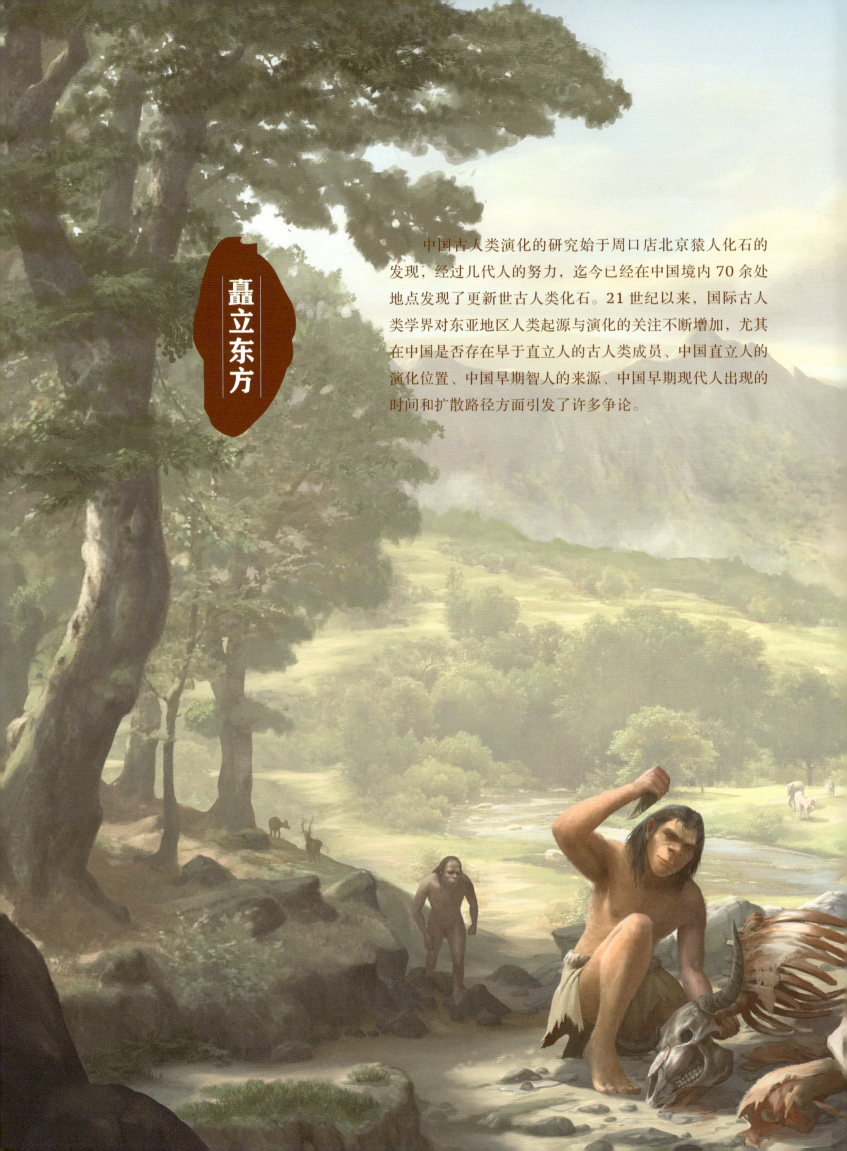

矗立东方

中国古人类演化的研究始于周口店北京猿人化石的发现，经过几代人的努力，迄今已经在中国境内 70 余处地点发现了更新世古人类化石。21 世纪以来，国际古人类学界对东亚地区人类起源与演化的关注不断增加，尤其在中国是否存在早于直立人的古人类成员、中国直立人的演化位置、中国早期智人的来源、中国早期现代人出现的时间和扩散路径方面引发了许多争论。

人群和居所

　　目前学术界虽然普遍承认直立人最早出现在非洲，但是对于非洲直立人何时抵达中国境内以及中国境内是否存在早于直立人的古人类成员，还不是很确定。在中国也发现了一些早于200万年前的人类或直立人以外早期人类成员的可疑证据，如重庆巫山龙骨坡下颌骨、建始龙骨洞牙齿，以及繁昌、上陈、西侯度遗址中保存的石制工具等。人属（*Homo*）在约距今200万年左右向欧亚大陆广泛扩散，并逐渐适应了北半球的植被及生态系统，发展出一系列新的人群和文化。

近 200 万年以来东亚地区的气候及环境变化

上图为陕西洛川黄土—古土壤剖面。从上新世末到第四纪早期，东亚地区的植被格局、主要群落与种类已经与今天非常接近。随着北极冰盖的出现、亚洲内陆干旱化逐渐加强，黄土高原上的粉尘开始加速堆积。来自黄土高原黄土—古土壤的粒度、磁化率与各地长钻孔孢粉的数据给东亚地区气候波动提供了证据。随着 10 万年冰期周期成为亚洲地区气候环境变化的主控因素，亚洲地区植被环境也随之出现快速的剧烈变化。其中最为显著的是在冰期，草原植被与内陆荒漠扩张，同时由于海平面下降约 100 米，在渤海与朝鲜半岛之间的大陆架裸露出来，并与日本列岛形成路桥。对寒冷干旱适应性较强的动物群生存了下来，而一些喜湿润和温暖的动物灭绝或迁移到了低纬度地区。而在相对温暖的间冰期，东亚北方大部地区又会被森林重新覆盖，基本可以达到上新世末期的水平，这也导致一些南方动物群在间冰期快速地向北方扩散。这个循环过程在近 70 万年里反复出现。

中国常见孢粉类型图

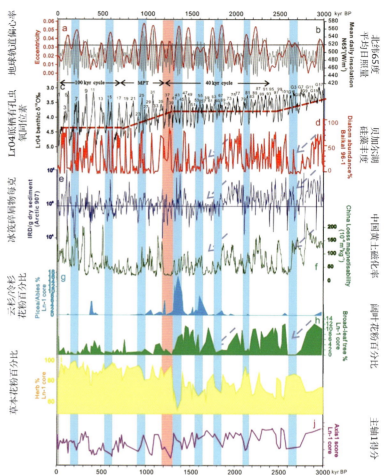

华北平原 Ln-1 钻孔重建的植被变化（Zhou et al，2023）

近 200 万年以来的东亚地区花粉记录的植被变化

数据显示，在近 200 万年，中国北方地区植被生态系统与地球轨道长偏心率 40 万年周期之间存在着相关性，其中最重要的事件发生在距今约 120 万年，华北平原地区的阔叶林和针叶林迅速减少，而草原成为华北地区的主要植被，致使 120 万年前中国北方的干旱化与全球气候系统的突然变冷，即中更新世转型事件。在早更新世中国南方的植被与今天相似，一直以亚热带植物为主，而中国北方暖温带季风区整体比今天更为温暖、湿润。这一时期中国南方以巨猿—中华乳齿象动物群为代表，主要包括布氏巨猿、中华乳齿象、华南剑齿象、小种大熊猫或武陵山大熊猫、山原貘、扶绥犀、黄昏爪兽、裴氏猪、凤岐祖鹿和粗壮丽牛等原始的种类。北方则以泥河湾动物群为代表，包括短吻硕鬣狗、泥河湾巨颏虎、钝齿锯齿虎、草原猛犸象、德氏马、泥河湾披毛犀、巨副驼、布氏真枝大角鹿和短角丽牛等种类。

人字洞遗址

　　人字洞遗址位于长江下游、安徽省芜湖市繁昌区孙村镇的癫痫山南坡，地质时代为早更新世早期，可能为距今约 240 万—200 万年，是已发现亚欧大陆最古老的人类活动遗址之一。研究人员发现了石制品和骨制品 200 多件，以及包括高等灵长类原黄狒和江南中华乳齿象在内的哺乳动物化石标本 8000 多件，近 100 种。人字洞遗址被认为是我国百万年人类史最重要的实证地之一。

单边直刃刮削器

早更新世早期，距今约 240 万—200 万年
安徽繁昌人字洞
长 5 厘米，宽 3.5 厘米，高 1.1 厘米

石制品

早更新世早期，距今约 240 万—100 万年
安徽繁昌人字洞
长 9.8 厘米，宽 5.8 厘米，高 1.5 厘米

尖刃器

早更新世早期，距今约 240 万—200 万年
安徽繁昌人字洞
长 20 厘米，宽 13 厘米，高 7 厘米

双端刃器

早更新世早期，距今约 240 万—200 万年
安徽繁昌人字洞
长 6.5 厘米，宽 2 厘米，高 1 厘米

江南中华乳齿象化石

早更新世早期，距今约 240 万—200 万年
安徽繁昌人字洞
左：长 20 厘米，宽 8 厘米，高 10 厘米
右：长 22 厘米，宽 7 厘米，高 10 厘米

江南中华乳齿象复原像（陈瑜 绘）

小种大熊猫化石

早更新世早期，距今约 240 万—200 万年
安徽繁昌人字洞
长 111 厘米，宽 56 厘米，高 80 厘米

小种大熊猫复原像（陈瑜 绘）

粗壮丽牛化石

早更新世早期，距今约 240 万—200 万年
安徽繁昌人字洞
长 74 厘米，宽 70 厘米，高 50 厘米

粗壮丽牛复原像（陈瑜 绘）

山原貘下頜骨化石

早更新世早期，距今約 240 萬—200 萬年
安徽繁昌人字洞
長 22 厘米，寬 8 厘米，高 4 厘米

凤岐祖鹿下颌骨化石

早更新世早期，距今约 240 万—200 万年
安徽繁昌人字洞
长 20 厘米，宽 10 厘米，高 6 厘米

上陈遗址

上陈遗址位于陕西蓝田，含石制品的最早地层年代测定为距今约212万年，是非洲以外最古老的古人类活动遗址之一。石制品包括石核、石片、刮削器、尖状器、石锤以及手镐等，并伴出哺乳动物化石残骸和碎片。

西　　　　　　　　　　　　　　　　　东

L5

S5

L9

L15

L25

S27

L28

上陈遗址出土石制品

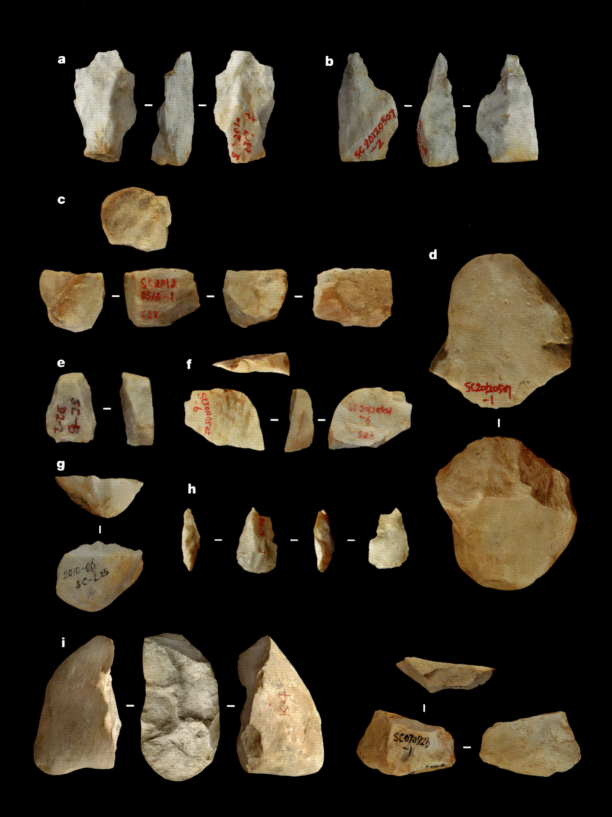

上陈遗址出土石制品

元谋人

元谋人遗址

元谋人牙齿化石

早更新世，距今约 170 万年

云南元谋

左：长 2.3 厘米，宽 1 厘米，高 0.8 厘米

右：长 2 厘米，宽 1 厘米，高 0.7 厘米

　　1965 年发现于云南元谋盆地，这两枚牙齿分别是上颌左侧和右侧中门齿，根据其色泽、尺寸及磨耗程度判断，可能属于同一成年个体。门齿舌面呈铲形，齿冠基部结节显著突起，齿冠和齿根都显得较粗壮，在形态特征和测量尺寸方面都与周口店直立人相似。尽管对元谋人的生存年代还有争议，但古人类学界普遍认可距今 170 万年的年代数据，并将元谋人作为中国最早的直立人。

桑氏硕鬣狗头骨化石

早更新世，距今约 170 万年
云南元谋
长 30 厘米，宽 17 厘米，高 14 厘米

桑氏硕鬣狗复原像（陈瑜 绘）

刮削器

早更新世，距今约 170 万年
云南元谋
长 5.2 厘米，宽 5 厘米，高 3.5 厘米

刮削器

早更新世，距今约 170 万年
云南元谋
长 5 厘米，宽 4.5 厘米，高 2.5 厘米

尖状器

早更新世，距今约 170 万年
云南元谋
长 6 厘米，宽 3.5 厘米，高 1.7 厘米

石核

早更新世，距今约 170 万年
云南元谋
长 9 厘米，宽 5.5 厘米，高 5 厘米

石片

早更新世，距今约 170 万年
云南元谋
长 8 厘米，宽 7 厘米，高 3.5 厘米

泥河湾

　　泥河湾盆地，亦称桑干河盆地，为晚新生代构造断陷盆地，面积达9000平方千米。在该盆地内发现了东北亚最早的人类活动遗存，诸多上百万年前的古人类活动地点密集分布，被誉为"东方人类的故乡"。目前在该盆地已发现考古遗址150多处，时间跨度涵盖旧石器时代早期、中期、晚期，其中逾百万年前的遗址约40处。著名遗址包括距今接近200万年的马圈沟遗址，136万年前的小长梁、大长梁等遗址，120万年前的飞梁、麻地沟遗址，110万年前的东谷坨、岑家湾、霍家地等遗址，近80万年前的马梁遗址，40万—30万年前的后沟、东坡遗址，10万—7万年前的许家窑、板井子遗址，1.5万—1.1万年前的虎头梁、籍箕滩等遗址。

马圈沟遗址

　　马圈沟遗址是泥河湾迄今发现的年代最久远的遗址。此处发现了以一头草原猛犸象的骨骼为主、间有石制品和天然石块的文化遗物,多数骨骼上有砍砸和刮削痕迹,被誉为"东方人类第一餐",是东北亚地区最早人类出现的确切证据。

马圈沟遗址

马圈沟遗址大象脚印及象牙化石

马圈沟遗址石器

小长梁遗址

　　小长梁遗址是泥河湾盆地发现的第一个超过百万年的旧石器时代遗址，年代为距今136万年。2000年，作为中国古人类活动的最北端证据，小长梁的名字被镌刻在中华世纪坛262米青铜甬道第一阶上。

小长梁石器发掘地点（杜治 拍摄）

石制品

雕刻器

早更新世，距今约 136 万年
泥河湾盆地河北阳原小长梁
长 3.2 厘米，宽 2.5 厘米，高 1 厘米

石制品

早更新世，距今约 136 万年
泥河湾盆地河北阳原小长梁
长 5.5 厘米，宽 2 厘米，高 0.7 厘米

石制品

早更新世，距今约 136 万年
泥河湾盆地河北阳原小长梁
长 3 厘米，宽 2 厘米，高 0.5 厘米

石制品

早更新世，距今约 136 万年
泥河湾盆地河北阳原小长梁
长 3.5 厘米，宽 2.5 厘米，高 2 厘米

石制品

早更新世，距今约 136 万年
泥河湾盆地河北阳原小长梁
长 2 厘米，宽 1.5 厘米，高 0.3 厘米

东谷坨遗址

　　东谷坨遗址年代为距今约110万年，是泥河湾盆地早更新世重要的旧石器时代考古遗址。该遗址出土1万余件石制品和动物化石，其中石器种类较为丰富，包括尖状器、齿状器、边刮器、凹缺器和钻等。

东谷坨遗址石制品

石核

早更新世，距今约 110 万年
泥河湾盆地东谷坨
长约 7 厘米，宽约 6 厘米，高约 4 厘米

4万年前东亚人生活场景复原图（郭肖聪 绘）

下马碑遗址

　　下马碑遗址出土了赤铁矿颜料原料、加工石器的工具和细小石器镶嵌使用等重要遗存，研究确认其年代为距今4万多年，是中国乃至东亚地区迄今所知最早的史前人类加工使用颜料与掌握复杂制作技术的关键证据。

下马碑遗址发掘区（王法岗 供图）

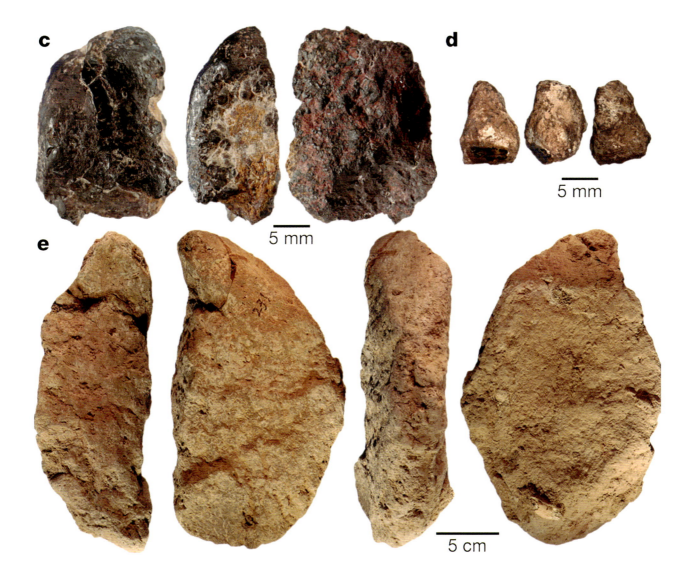

下马碑遗址赤铁矿加工相关遗迹（红色染色区）与遗物

a. 相关遗物和遗迹的原始状态

b. 赤铁矿粉末染色区

c. 表面可观察到摩擦痕的赤铁矿

d. 赤铁矿小块

e. 表面染色并残留赤铁矿微屑的加工工具石灰岩板（杨石霞 提供）

虎头梁遗址

虎头梁遗址距今 1.5 万—1.1 万年，属于旧石器时代晚期末段。虎头梁遗址所处时间阶段和空间位置都很关键，并且出土了大量典型的细石器产品和尖状器、刮削器等加工精美、器型稳定的石质工具，对于探讨旧石器时代向新石器时代过渡、更新世末期人类文化迁徙交流，以及在环境变化中的生存策略调整等问题具有重要意义。

盘状石核

晚更新世，距今约 1.5 万—1.1 万年
泥河湾盆地河北阳原虎头梁
长 5.8 厘米，宽 5.3 厘米，高 2 厘米

细石叶

晚更新世，距今约 1.5 万—1.1 万年
泥河湾盆地河北阳原虎头梁
长 2.1 厘米，宽 0.1 厘米，高 0.1 厘米

尖状器

晚更新世，距今约 1.5 万—1.1 万年
泥河湾盆地河北阳原虎头梁
长 8.5 厘米，宽 4.8 厘米，高 1.4 厘米

尖状器

晚更新世，距今约 1.5 万—1.1 万年
泥河湾盆地河北阳原虎头梁
长 5.6 厘米，宽 2.6 厘米，高 0.8 厘米

蓝田人

蓝田人遗址（标★处为 1965 年蓝田人化石发现地）

蓝田人头骨化石

早更新世，距今约 163 万—115 万年
长 24 厘米，宽 16.5 厘米，高 12 厘米

　　蓝田人又名蓝田猿人，1964 在中国陕西省蓝田县公王岭发现其化石。其头骨的主要特点表现为眶上圆枕粗壮、眶后缩窄明显、额鳞非常低平、颅穹隆低矮、头骨壁极厚、脑量很小。蓝田人头骨是迄今为止我国发现的有确切地层年代的最早古人类化石。

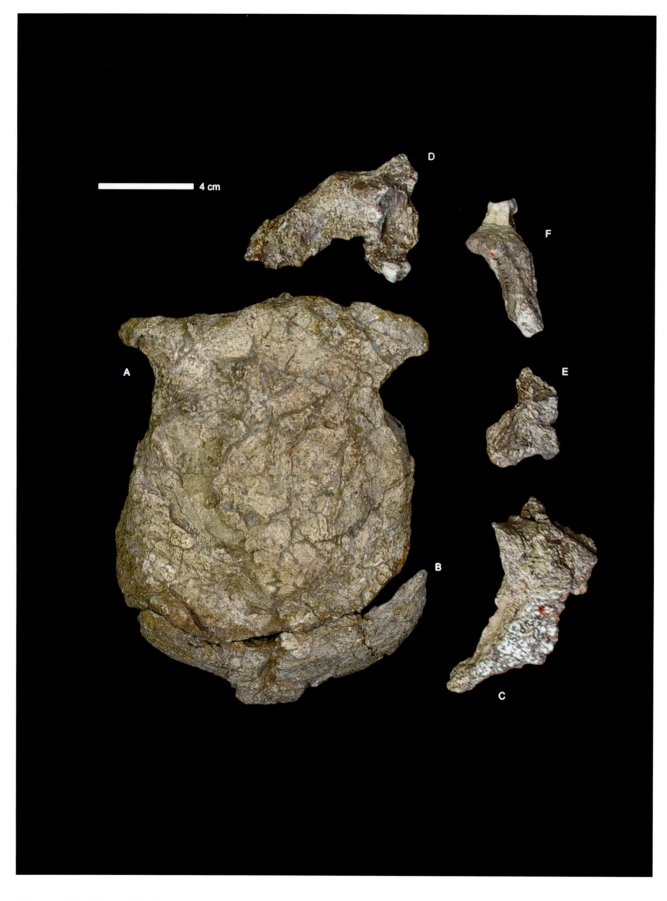

4 cm

蓝田公王岭直立人头骨化石
A. 额骨　B. 顶骨
C. 右侧颞骨　D. 上颌骨
E. 左侧上颌骨额突部及鼻骨　F. 左侧上颌第二臼齿

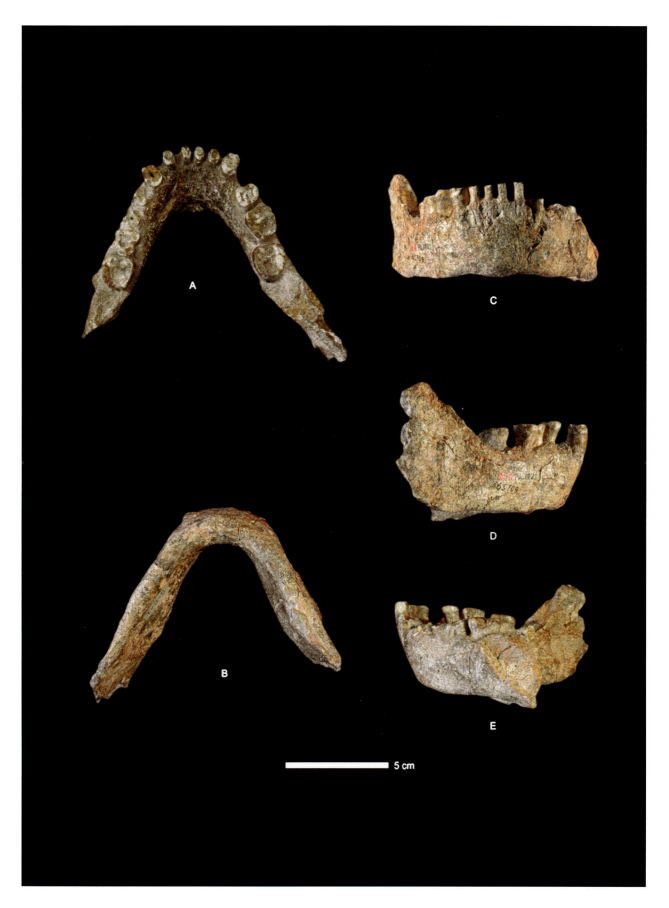

蓝田陈家窝子直立人下颌骨化石
A. 上面　B. 下面　C. 前面　D. 右侧面　E. 左侧面

直刃刮削器

早更新世，距今约 163 万年
陕西蓝田公王岭
长 5 厘米，宽 3 厘米，高 2.2 厘米

石核

早更新世，距今约 163 万年
陕西蓝田公王岭
长 16 厘米，宽 12 厘米，高 9.5 厘米

石核

早更新世，距今约 163 万年
陕西蓝田公王岭
长 15 厘米，宽 11 厘米，高 8 厘米

石片

早更新世，距今约 163 万年
陕西蓝田公王岭
长 5.5 厘米，宽 3.6 厘米，高 1 厘米

石片

早更新世，距今约 163 万年
陕西蓝田公王岭
长 6 厘米，宽 3.5 厘米，高 1 厘米

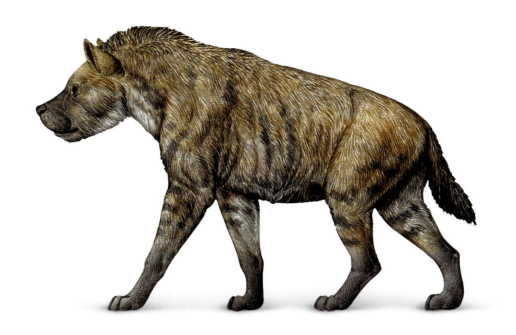

中国鬣狗复原像（陈瑜 绘）

中国鬣狗头骨化石

早更新世，距今约 130 万年
陕西蓝田
长 39 厘米，宽 19 厘米，高 18 厘米

三门马下颌骨化石

早更新世，距今约 130 万年
陕西蓝田
长 55 厘米，宽 24 厘米，高 17 厘米

苏门羚秦岭亚种头骨化石

早更新世，距今约 130 万年
陕西蓝田
长 33 厘米，宽 13 厘米，高 10 厘米

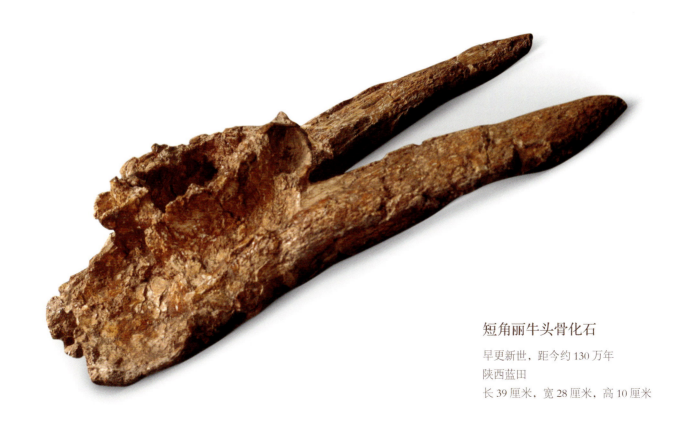

短角丽牛头骨化石

早更新世，距今约 130 万年
陕西蓝田
长 39 厘米，宽 28 厘米，高 10 厘米

结合伴生动物化石复原的古人类生活场景

扩展与差异

中更新世气候转型是晚新生代最重要的气候变化时段之一，也被称为中更新世革命，其间由北半球65度太阳辐射控制的10万年冰盖周期取代了地球斜率控制的4万年周期，成为地球气候系统的主要控制因素。这个时期北极冰盖总量大约增加了15%，大陆内部干旱化加剧，北半球冬季温度迅速下降，北半球的动植物群深刻变革，对古人类的环境适应能力提出新的挑战。迄今在中国境内发现的更新世中期直立人化石地点有10余处，研究发现中国直立人存在复杂的变异，不同地点的直立人群体在形态上有相当大的差别，已经呈现出形态特征上的南北差异。

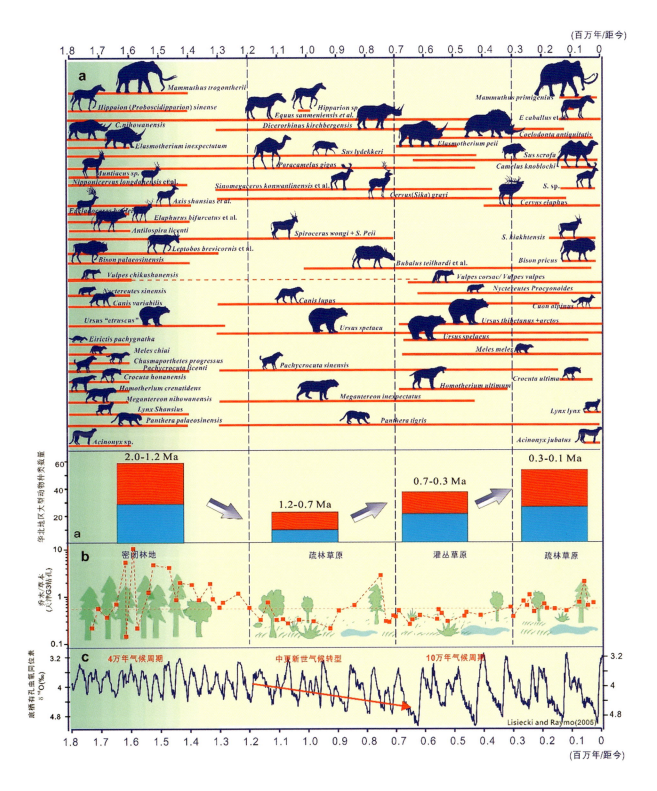

中更新世革命、北方草原化与人类适应关系图

在最近120万年里，华北地区林地减少，蒿属、藜科、禾本科比例显著增加，之后区域植被持续退化并被草地及灌木丛取代，这个过程伴随大型哺乳动物群的大规模更替，超过一半的哺乳动物物种在中更新世气候转型时期森林衰退的过程中灭绝。

郧县人

郧县人遗址历经多次发掘，除郧县人化石外，还出土了大量古人类制作的石制品，主要类型包括石核、石片、砍砸器、手镐、刮削器、石锤等，郧县人以附近河滩上的卵石为原料做打击加工，使用了锤击法和碰砧法等技术，这为研究百万年前古人类技术特点、资源获取能力和生存方式，提供了重要信息。

郧县人发掘现场外景（湖北省文物考古研究院 陆成秋 供图）

郧县人 1 号头骨化石

早更新世，距今约 110 万—80 万年
湖北郧县

郧县人又称郧县猿人。1989—1990 年在中国湖北省郧县曲远河口学堂梁子发现两件古人类头骨化石，两件头骨受到地层的挤压，形状虽然严重扭曲变形，但都保存有完整的脑颅和基本完整的面颅。郧县人的颅容量为 1100 毫升左右，接近北京猿人的平均值。头骨既有明显的直立人特征，又具有某些古老型智人的性状。2022 年发现的"郧县人 3 号"头骨化石，是欧亚内陆迄今发现的同时代最为完整的直立人头骨化石之一。

郧县人 3 号头骨化石

动物化石

石器

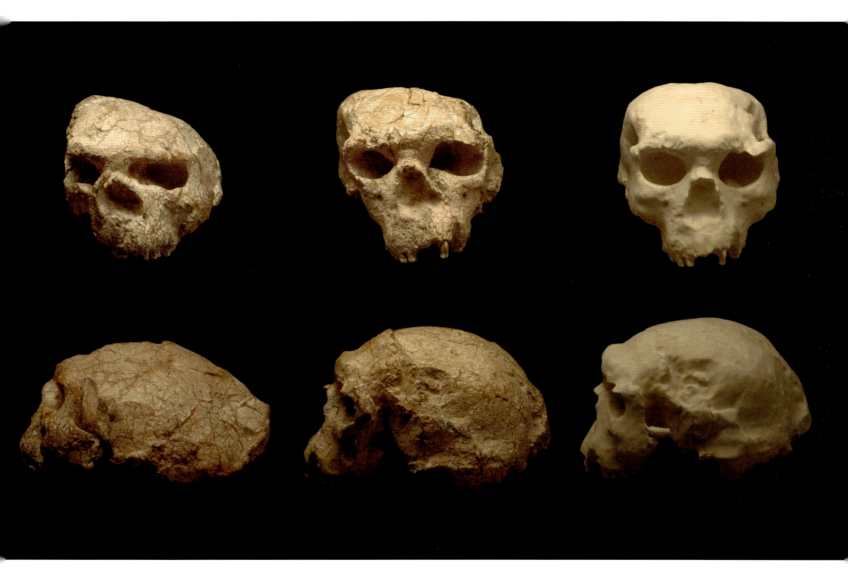

郧县人1号头骨化石　　　　　　　郧县人2号头骨化石　　　　　　　郧县人头骨复原模型

结合伴生动物化石复原的郧县人生活场景

北京人

　　周口店遗址位于北京房山周口店龙骨山，共发现不同时期的各类化石和文化遗物地点27处，出土人类化石200余件、石器10多万件、上百种动物化石等，以及骨角器和装饰品，如有孔的兽牙、海蚶壳和磨光的石珠。此外，遗址还发现了丰富的用火遗迹，包括烧骨、烧石、灰烬和紫荆木炭等。石制品原料基本为脉石英，另有水晶、燧石、白云岩、细砂岩等，石制品类型包括石核、石片、刮削器、尖状器、砍砸器、断块、断片、碎屑等。

周口店北京人遗址

裴文中抱着经石膏加固后包裹
好的头骨准备送往北京

中国地质学的开拓者

左起：裴文中、王恒升、王恭睦、杨钟健、步林 (Bohlin)、步达生 (D. Black)、德日进
(P. Teilhard de chardin) 和巴尔博 (G. B. Barbour)

第 3 个北京人头盖骨外露，王存义和贾兰坡正在观察

贾兰坡在周口店第 1 地点留影

发现 L3 号头盖骨。这个头盖骨是最完整的一个。左上方第一人为王存义，右下方挖掘者为贾兰坡

（左起）裴文中、李四光、德日进、卞美年、杨钟健、巴尔博在办事处合影留念

北京人 1929 年头骨化石

中更新世，距今约 77 万—20 万年
北京周口店
长 18.5 厘米，宽 15 厘米，高 12 厘米

　　北京人又名北京猿人、中国猿人，距今年代约为 77 万—20 万年。20 世纪 20—30 年代发现于北京房山周口店，在该遗址发现迄今中国境内个体数量最多的直立人化石。1941 年珍珠港事变后，这批珍贵的化石全部丢失。周口店直立人头骨低矮，最大宽位置较低，额骨低平且明显向后倾斜。眉脊非常粗壮，形成眶上圆枕，两侧眉脊被粗壮的眉间隆起连成一体，眶上圆枕后上与额骨之间有一深沟。

　　周口店直立人面部粗大，上颌突出明显，为突颌型。下颌骨大而粗壮，下颌体前部明显向下后方倾斜，无下颏。牙齿粗大，咬合面比现代人的褶皱多，上颌门齿舌面为典型的铲形。

北京猿人的生产生活

尖状器

中更新世，距今约 70 万—30 万年
北京周口店第 1 地点
长 5.5 厘米，宽 3.8 厘米，高 2.2 厘米

多刃砍砸器

中更新世，距今约 70 万—30 万年
北京周口店第 1 地点
长 14.5 厘米，宽 9.5 厘米，高 4 厘米

砸击石片

中更新世，距今约 70 万—30 万年
北京周口店第 1 地点
长 2.6 厘米，宽 1.5 厘米，高 1 厘米

双刃刮削器

中更新世，距今约 70 万—30 万年
北京周口店第 1 地点
长 2.8 厘米，宽 2.5 厘米，高 0.7 厘米

砸击石核

中更新世，距今约 70 万—30 万年
北京周口店第 1 地点
长 4 厘米，宽 3 厘米，高 2 厘米

两端石片

中更新世，距今约 70 万—30 万年
北京周口店第 1 地点
长 3.5 厘米，宽 19 厘米

两端石片

中更新世，距今约 70 万—30 万年
北京周口店第 1 地点
长 4.2 厘米

两端石片

中更新世，距今约 70 万—30 万年
北京周口店第 1 地点
长 3.3 厘米，宽 2.8 厘米

两端石片

中更新世，距今约 70 万—30 万年
北京周口店第 1 地点
长 2.8 厘米

两端石片

中更新世，距今约 70 万—30 万年
北京周口店第 1 地点
长 3 厘米

两端石片

中更新世，距今约 70 万—30 万年
北京周口店第 1 地点
长 4.1 厘米，宽 2 厘米，高 1 厘米

两端石片

中更新世，距今约 70 万—30 万年
北京周口店第 1 地点
长 4 厘米

肿骨大角鹿复原像（陈瑜 绘）

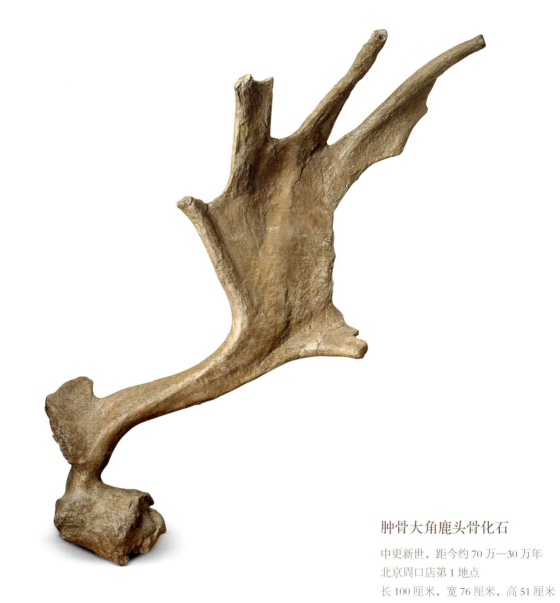

肿骨大角鹿头骨化石

中更新世，距今约 70 万—30 万年
北京周口店第 1 地点
长 100 厘米，宽 76 厘米，高 51 厘米

斑鹿上颌骨化石

中更新世，距今约 70 万—30 万年
北京周口店第 1 地点
长 7.5 厘米

德宁格尔熊头骨化石

中更新世，距今约 70 万—30 万年
周口店第 1 地点
长 42 厘米，宽 20 厘米，高 17 厘米

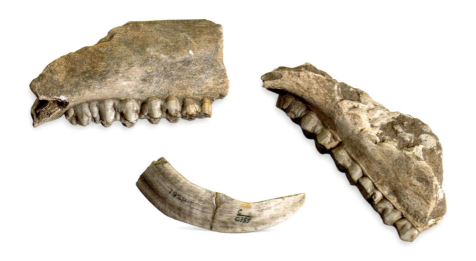

李氏野猪头骨化石

中更新世，距今约 70 万—30 万年
周口店第 1 地点
长 45 厘米，宽 20 厘米，高 20 厘米

中国鬣狗头骨化石

中更新世，距今约 70 万—30 万年
周口店第 1 地点出土
长 25.5 厘米，高 11.9 厘米

中华硕鬣狗头骨化石

中更新世，距今约 70 万—30 万年
周口店第 1 地点
长 31 厘米，宽 24 厘米，高 16 厘米

青羊头骨化石

中更新世，距今约 70 万—30 万年
周口店第 1 地点
长 35 厘米，宽 19 厘米，高 19 厘米

最后锯齿虎头骨化石

中更新世，距今约 70 万—30 万年
周口店第 13 地点
长 27 厘米，宽 16 厘米，高 14 厘米

烧骨

中更新世，距今约 70 万—30 万年
周口店第 1 地点
长 8 厘米

烧骨

中更新世，距今约 70 万—30 万年
周口店第 1 地点
长 8.8 厘米

烧骨

中更新世，距今约 70 万—30 万年
周口店第 1 地点
长 12 厘米

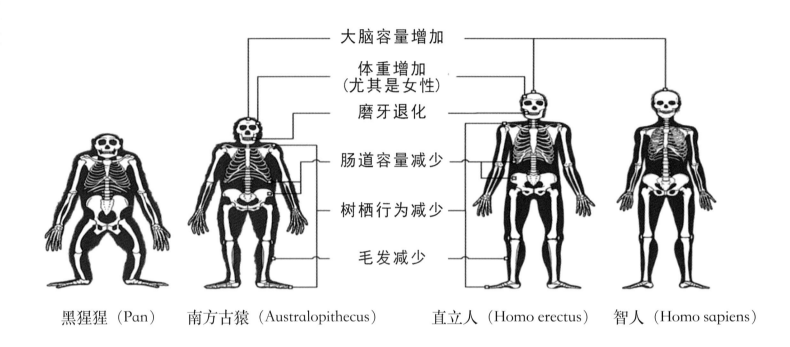

大脑容量增加

体重增加
（尤其是女性）

磨牙退化

肠道容量减少

树栖行为减少

毛发减少

黑猩猩（Pan）　　南方古猿（Australopithecus）　　直立人（Homo erectus）　　智人（Homo sapiens）

火的利用与人类身体的主要变化

南京人

南京人又称南京猿人、汤山直立人。1992年发现于中国江苏省南京市汤山镇西南的雷公山葫芦洞，包括两具头骨。其中1号头骨表面纤细、尺寸不大，应属于女性，根据骨缝愈合情况以及保存的上颌齿槽牙齿萌出状态，推测1号个体年龄在21～35岁。2号头骨粗壮壁厚，应属于男性。

1号

2号

南京人1号、2号头骨化石

中更新世，距今约60万—35万年

南京汤山

1号：长21.5厘米，宽15厘米，高11厘米

2号：长17厘米，宽14厘米，高8.5厘米

南京人1号头骨颅容量为876毫升，位于直立人变异范围的下限。头骨高耸的鼻梁和上颌骨额突表面的丘状膨隆被认为是中国古人类在进化过程中曾经接受过少量来自欧洲古人类基因的影响，但也有学者认为鼻梁高耸可能是对寒冷气候适应的结果。

丹江口库区遗址

丹江口库区位于湖北、河南和陕西三省交界处，是我国南水北调中线工程的水源地，由汉水及其支流丹江汇合而成，西南、西北和东北分别被武当山、秦岭和伏牛山环绕，东南部则与江汉平原相接。近年来的考古调查与发掘表明，该区域是研究中国古人类活动和南北方文化交流的重要区域，以手斧为代表的两面器的发现为研究更新世东西方技术交流提供了难得的素材。

丹江口库区果茶场遗址发掘现场

丹江口库区双树遗址发掘的手斧

手斧

中更新世早中期，距今约 70 万—30 万年
丹江口库区湖北郧阳段家沟
长 15 厘米，宽 9.5 厘米，高 5.5 厘米

刮削器

中更新世早中期，距今约 70 万—30 万年
丹江口库区湖北郧阳吴家沟 1 号地点
长 5.2 厘米，宽 5 厘米，高 2.5 厘米

砍砸器

中更新世早中期，距今约 70 万—30 万年
丹江口库区湖北郧阳王家岭 1 号地点
长 22 厘米，宽 14 厘米，高 5.5 厘米

砍砸器石核

中更新世早中期，距今约 70 万—30 万年
丹江口库区湖北郧阳大树垭 2 号地点
长 11 厘米，宽 10 厘米，高 6 厘米

手镐

中更新世早中期，距今约 70 万—30 万年
丹江口库区湖北郧阳兴盛 3 号地点
长 15.5 厘米，宽 10.5 厘米，高 7.5 厘米

和
县
人

和县人生活场景复原图（郭肖聪 绘）

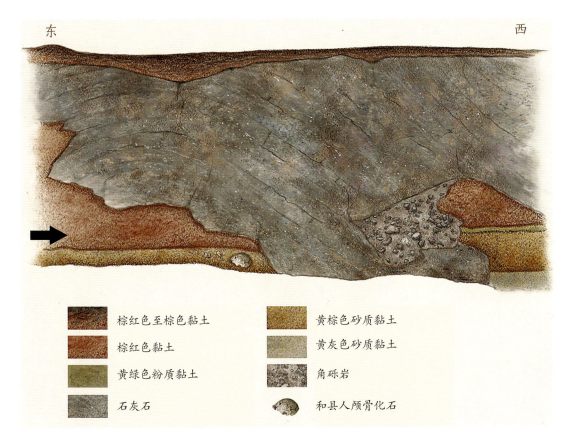

棕红色至棕色黏土	黄棕色砂质黏土
棕红色黏土	黄灰色砂质黏土
黄绿色粉质黏土	角砾岩
石灰石	和县人颅骨化石

和县人洞穴堆积示意图

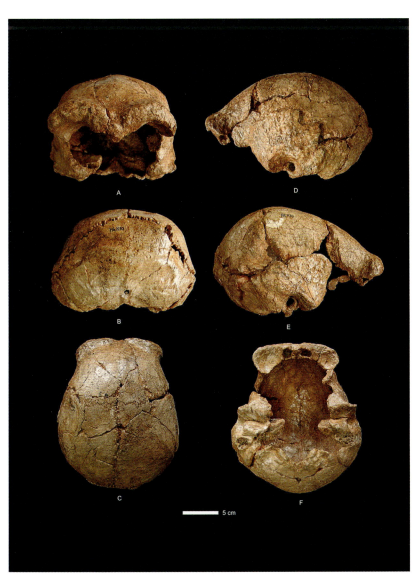

和县人头盖骨化石

A. 前面　　B. 后面　　C. 顶面
D. 左侧面　E. 右侧面　F. 底面

和县人头骨化石

中更新世，距今约 40 万年
安徽和县
长 19.5 厘米，宽 16.5 厘米，高 12 厘米

　　和县人又称和县猿人，1980 年发现于安徽省和县龙潭洞，距今约 40 万年。和县发现的古人类化石共有 14 件，包括一件完整的头盖骨、两件头骨碎片、一件附带两枚牙齿的下颌骨残段，以及 10 枚单个牙齿。和县人头骨测量特征与印度尼西亚直立人相似，而与其他中国直立人差别较大。和县人牙齿特征可能保持了其祖先的原始状态，而这些特征在周口店等人群中已经消失，和县人或许代表着一个在隔离环境下生存的直立人群。

沂源人

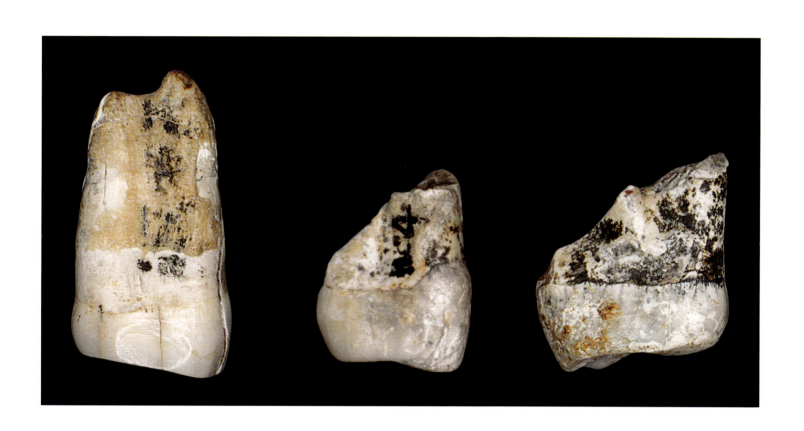

沂源人牙齿化石

中更新世，距今约 42 万—32 万年
山东沂源
左：长 2 厘米　中：长 1.5 厘米　右：长 1.4 厘米

　　剔牙行为目前被认为只出现在人属成员中，从最早的能人到近现代人都有发现。长期剔牙一般会在牙齿邻接面留下一条沟槽，且沟槽面上有平行分布的细纹。根据对沂源人牙齿的研究，沂源人剔牙行为至少可分为两个阶段：一是剔牙初期，表现为邻接面只出现平行分布的细纹；二是沟槽形成，表现为邻接面明显的沟槽和细纹。关于剔牙行为的起因，被广泛接受的解释是随着动物蛋白在人类食谱中占的比重越来越高，食物残渣更容易填塞在牙齿之间的空隙中，剔牙可以缓解塞牙情况下的牙龈压力。沂源人牙齿上的痕迹显示了东亚地区具有确凿证据的最早人类剔牙行为。

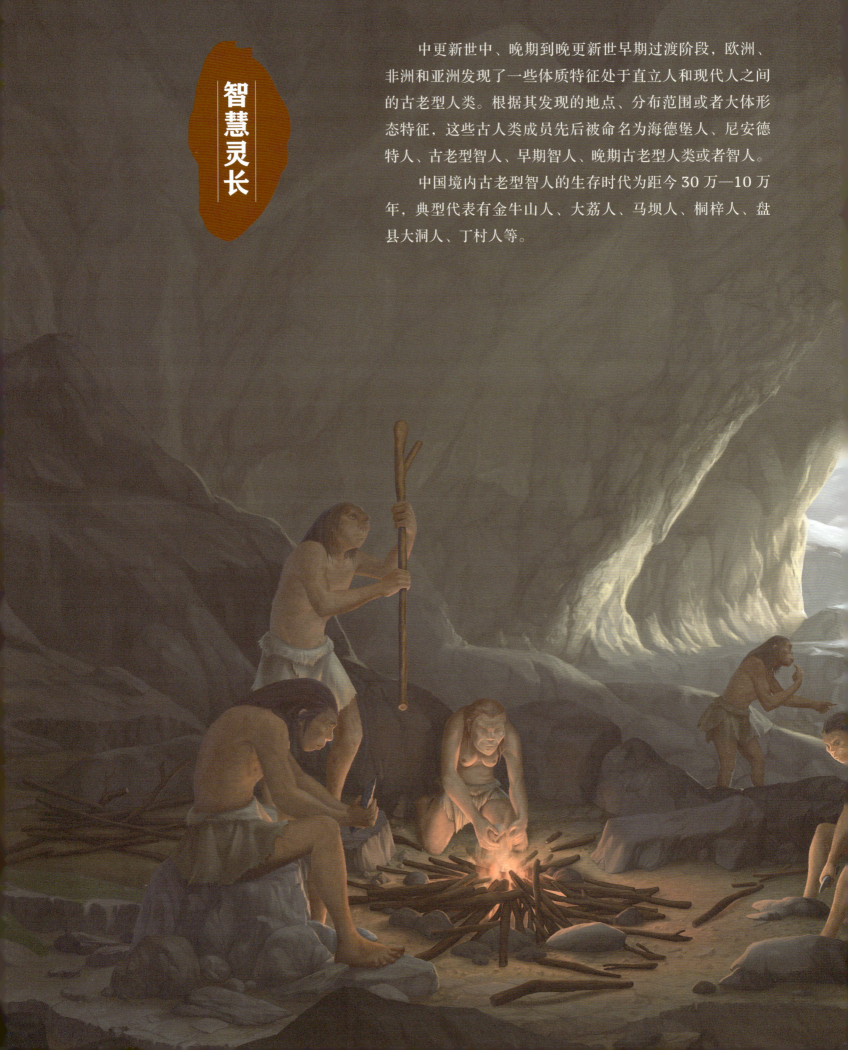

智慧灵长

中更新世中、晚期到晚更新世早期过渡阶段，欧洲、非洲和亚洲发现了一些体质特征处于直立人和现代人之间的古老型人类。根据其发现的地点、分布范围或者大体形态特征，这些古人类成员先后被命名为海德堡人、尼安德特人、古老型智人、早期智人、晚期古老型人类或者智人。

中国境内古老型智人的生存时代为距今 30 万—10 万年，典型代表有金牛山人、大荔人、马坝人、桐梓人、盘县大洞人、丁村人等。

金
牛
山
人

金牛山人头骨化石

距今约 28 万年

辽宁营口

长 20.6 厘米，宽 14 厘米，高 14 厘米

金牛山遗址第1地点和第3地点出土了人骨化石、石
器和大量动物化石以及烧土块、灰烬、炭粒、烧骨等用火
遗迹，是迄今我国东北地区最早的古人类居住遗址之一。

金牛山人头骨化石

距今约 28 万年

辽宁营口

长 20.6 厘米，宽 14 厘米，高 14 厘米

金牛山人遗址

夏河人

夏河人下颌骨化石

中更新世晚期—晚更新世，距今约 16 万—4.5 万年
甘肃夏河白石崖溶洞
长 9 厘米，宽 9 厘米，高 3 厘米

这是一块夏河人的右半边下颌骨化石，20 世纪 80 年代发现于青藏高原东北部甘加盆地白石崖溶洞（甘肃省夏河县），距今约 16 万年。古蛋白研究表明夏河人与丹尼索瓦人具有相近关系，可能代表阿尔泰山地区丹尼索瓦洞以外发现的首例丹尼索瓦人化石。这件化石的发现与研究，将青藏高原人类活动记录由 4 万年前提到了 16 万年前。

白石崖溶洞遗址

白石崖溶洞遗址发现的石片

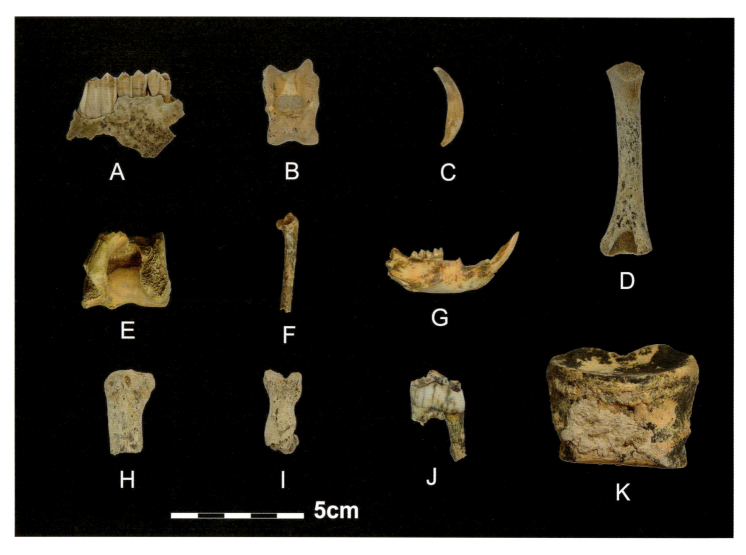

白石崖溶洞遺址發現的動物骨骼化石

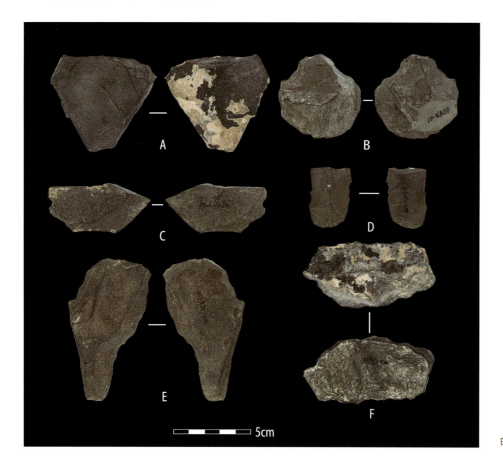

白石崖溶洞遺址發現的石制品

白石崖溶洞遗址

　　2020年，中国科学院古脊椎动物与古人类研究所分子古生物研究团队通过沉积物古DNA富集与种属鉴定方法，从青藏高原白石崖溶洞获取并鉴定出了丹尼索瓦人的线粒体DNA。这是首次在丹尼索瓦洞之外获取丹尼索瓦人的DNA，证实丹尼索瓦人在晚更新世时期曾在东亚长期存在，且生活在较高海拔的青藏高原东北缘地带（海拔3280米）。

记录遗存的三维坐标

遗址发掘

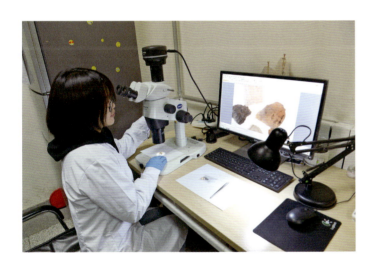

沉积物组成分析

遗址发掘

石制品和动物骨骼化石

对土壤进行干筛

沉积物 DNA 样品采集

骨骼样品采样

古环境重建土样采集

骨骼样品的骨胶原提取

沉积物粒度分析

用于古 DNA 分析的土壤样品制备

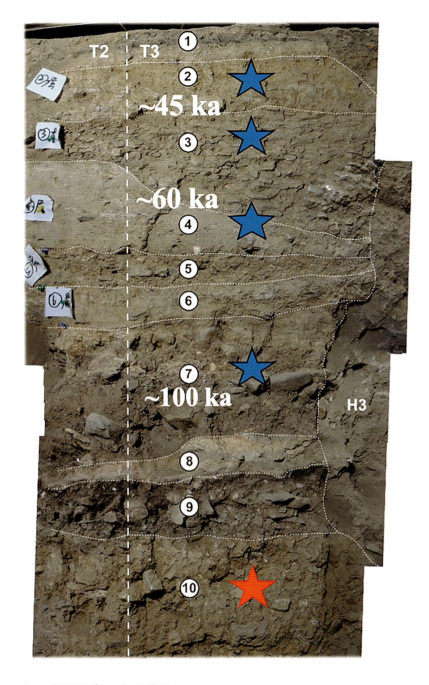

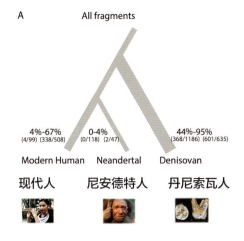

所有基因片段

A

All fragments

4%-67%   0-4%   44%-95%
(4/99) (338/508)   (0/118) (2/47)   (368/1186) (601/635)

Modern Human   Neandertal   Denisovan

现代人   尼安德特人   丹尼索瓦人

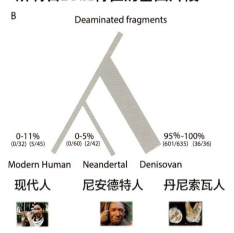

所有古DNA特征的基因片段

B

Deaminated fragments

0-11%   0-5%   95%-100%
(0/32) (5/45)   (0/60) (2/42)   (601/635) (36/36)

Modern Human   Neandertal   Denisovan

现代人   尼安德特人   丹尼索瓦人

白石崖溶洞遗址地层模型

白石崖溶洞古人类 DNA 属于丹尼索瓦人线粒体 DNA

中国科学院古脊椎动物与古人类研究所分子古生物学研究团队从青藏高原白石崖溶洞距今10万~4.5万年的数个地层沉积物里获取了丹尼索瓦人的线粒体DNA，并且通过进一步分析发现白石崖溶洞距今约4.5万年（地层2和3）和6万年（地层4）地层所发现的丹尼索瓦人与来自阿尔泰地区丹尼索瓦洞的晚期丹尼索瓦人有着最紧密的遗传联系；相比之下，距今约10万年（地层7）地层所发现的丹尼索瓦人则显示在很早之前便与晚期丹尼索瓦人发生分离，凸显出丹尼索瓦人复杂的迁徙与演化历程，为进一步探究丹尼索瓦人的时空分布、遗传特征及环境适应性提供了重要线索。

哈尔滨人

哈尔滨人复原图（赵闯 绘）

哈尔滨人头骨化石

中更新世晚期，距今约 14.6 万年
长 22.5 厘米，宽 16 厘米，高 16 厘米

　　这件哈尔滨人头骨化石非常完整，同时具有原始性状和进步性状的镶嵌演化特征，因发现地在黑龙江，故将其命名为"龙人"（*Homo longi sp. nov.*）。"龙人"支系与智人是姊妹群，有着相近的共同祖先。

许昌人

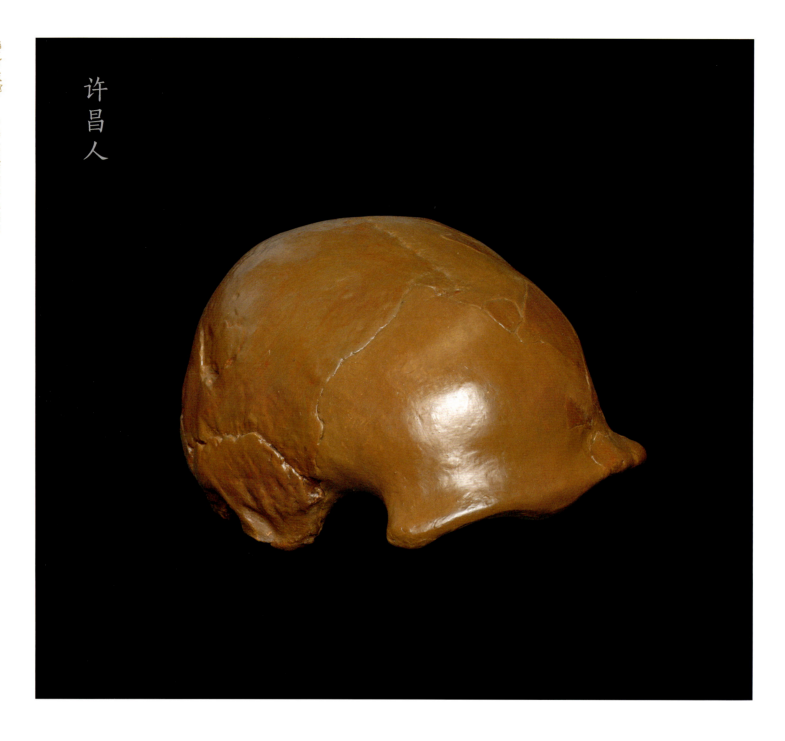

许昌人头骨化石

中更新世晚期—晚更新世早期，距今约 12.5 万—10.5 万年
河南许昌
长 21 厘米，宽 16 厘米，高 13 厘米

　　许昌人头骨骨缝尚未愈合，脑颅尺寸较大，推测为男性，颅容量达 1800 毫升，圆隆且纤细化，具有东亚古人类和尼安德特人混合的体质特征，反映了东亚地区复杂的人类演化模式及古人群区域内的连续性和区域间的流动性，为晚更新世人类形态的多样化提供了化石证据。

许昌人发掘现场

许昌人制作和使用的石制品

　　许昌人已具备较为复杂和进步的石器技术，其进步性主要表现在剥片与加工策略两个方面。石核剥片方式多样，且盘状石核占比例较高，表现出剥片程序上的组织性和计划性；器型多样，包括刮削器、凹缺器、锯齿刃器、尖状器、石钻等；少量尖状器的底部经过修理，可能是配合骨柄或木柄使用的复合型工具；一些工具加工精细，刃缘规整，出现软锤修理和压制修理技术。

许家窑人

许家窑遗址

1977 年杨钟健在许家窑遗址现场

许家窑人头骨化石

中更新世晚期，距今约 20 万—16 万年
山西阳高
长 9.5 厘米，宽 7 厘米，高 4.5 厘米

　　许家窑人类化石包括 18 块头骨碎片和 3 颗游离的牙齿，代表大约 10 个以上的个体，还伴生出土了大量石器和哺乳动物化石。许家窑人代表了一种过渡型的古老人类，其体质特征呈现出东亚直立人、欧洲尼安德特人和晚更新世早期现代人的混合特征。

石球

中更新世，距今约 20 万—16 万年
山西阳高许家窑
长 9.5 厘米，宽 9.5 厘米，高 9 厘米

石球

中更新世，距今约 20 万—16 万年
山西阳高许家窑
长 6.3 厘米，宽 5.5 厘米，高 5.5 厘米

多刃刮削器

中更新世，距今约 20 万—16 万年

山西阳高许家窑

长 4.2 厘米，宽 3.5 厘米，高 1.1 厘米

锯齿状器

中更新世，距今约 20 万—16 万年

山西阳高许家窑

长 5 厘米，宽 2.5 厘米，高 1.3 厘米

砍砸器

中更新世，距今约 20 万—16 万年
山西阳高许家窑
长 9.5 厘米，宽 8 厘米，高 5.5 厘米

丁村人

丁村遗址位于山西省襄汾县的汾河河畔，发现于1953年，是新中国成立后在北京周口店以外地区发现的首个大型旧石器时代遗址，因发现介于北京猿人和现代人之间的丁村人而备受关注。丁村遗址是我国旧石器时代中期的典型代表，对探索古人类演化以及10多万年前人类对黄土高原地区的适应生存方式，具有不可替代的作用。出土的石器组合对研究丁村远古人类对石器原料的选取、复原打制技术及石器制作流程等具有重要意义。

丁村人牙齿化石

晚更新世，距今约11.4万—7.5万年
山西襄汾丁村
左：长2.2厘米，宽0.8厘米，高1厘米
中：长1.5厘米，宽0.7厘米，高0.7厘米
右：长1.3厘米，宽1.2厘米，高1.4厘米

3枚牙齿都属于12-13岁的少年，可能为同一个体。丁村人牙齿形态特征与周口店直立人相比更先进，尺寸与现代人牙齿尺寸接近。

1954 年丁村旧石器遗址发掘现场

丁村人狩猎图

刮削器

晚更新世，距今约 11.4 万—7.5 万年
山西襄汾丁村
长 7 厘米，宽 7.7 厘米，高 1.3 厘米

三棱大尖状器

晚更新世，距今约 11.4 万—7.5 万年

山西襄汾丁村

长 17 厘米，宽 8 厘米，高 7 厘米

石核

晚更新世，距今约 11.4 万—7.5 万年
山西襄汾丁村
长 10 厘米，宽 7.5 厘米，高 3.5 厘米

石片

晚更新世，距今約 11.4 萬—7.5 萬年
山西襄汾丁村
長 7.5 厘米，寬 3.7 厘米，高 1.5 厘米

单边砍砸器

晚更新世，距今约 11.4 万—7.5 万年
山西襄汾丁村
长 10.5 厘米，宽 7.5 厘米，高 5 厘米

尖狀器

晚更新世，距今約 11.4 萬—7.5 萬年
山西襄汾丁村
長 9.7 厘米，寬 8.8 厘米，高 2.9 厘米

石片

晚更新世，距今约 11.4 万—7.5 万年

山西襄汾丁村

长 9.4 厘米

石器

晚更新世，距今约 11.4 万—7.5 万年
山西襄汾丁村
长 6 厘米，宽 4.8 厘米，高 3.5 厘米

石器

晚更新世，距今约 11.4 万—7.5 万年
山西襄汾丁村
长 5.9 厘米，宽 4.5 厘米，高 3 厘米

石片

晚更新世，距今約 11.4 萬—7.5 萬年

山西襄汾丁村

長 13 厘米

马科动物上臼齿化石

晚更新世，距今约 11.4 万—7.5 万年
山西襄汾丁村
长 8.2 厘米

德氏水牛齿化石

晚更新世，距今约 11.4 万—7.5 万年
山西襄汾丁村
左：长 6.7 厘米，宽 5 厘米
右：长 4.9 厘米，宽 3.4 厘米

貘下頜骨化石

晚更新世，距今約 11.4 萬—7.5 萬年

山西襄汾丁村

長 20 厘米

大荔人

大荔人遗址

大荔人头骨化石

中更新世晚期，距今约 30 万—25 万年
陕西大荔
长 20.5 厘米，宽 15 5 厘米，高 13 厘米

　　大荔人头骨化石来自一名接近 30 岁的壮年男性。该头骨形态兼有原始和进步镶嵌特点，介于直立人和现代人之间，可能代表早期智人中的古老类型。也有研究认为大荔人头骨表现出部分欧洲中更新世古人类特点，是欧亚大陆同时期古人类基因交流的证据。

石片

中更新世晚期，距今约 30 万—25 万年
陕西大荔
长 5 厘米，宽 4 厘米，高 1.5 厘米

凹缺器

中更新世晚期，距今约 30 万—25 万年
陕西大荔
长 3 厘米，宽 2.5 厘米，高 1 厘米

尖状器

中更新世晚期，距今约 30 万—25 万年
陕西大荔
长 3.8 厘米，宽 3.5 厘米

尖状器

中更新世晚期，距今约 30 万—25 万年
陕西大荔
长 4.1 厘米

华龙洞人

华龙洞人 6 号头骨化石

中更新世晚期，距今约 30 万年
安徽东至华龙洞
长 20 厘米，宽 16 厘米，高 15 厘米

　　华龙洞人 6 号化石是一个 14 ～ 15 岁少年的头骨，呈现与东亚中更新世直立人、更新世晚期人类及现代人类相似的混合特征，提供了古老型人类向早期现代人演化过渡的新证据。

华龙洞人 6 号头骨面貌复原

华龙洞发掘布方图

HUA LONG DONG
2018

马坝人

马坝人遗址

马坝人头骨化石

中更新世晚期，距今约 30 万—13 万年
广东曲江马坝狮子山
长 19 厘米，宽 14 厘米，高 10 厘米

    马坝人头骨化石因其圆形的、似尼安德特人的眼眶引起广泛关注，有学者提出马坝人可能是欧洲基因流向亚洲东部的结果。该头骨的右额骨表面有一个半圆形的凹陷，是受到钝性外力冲击后造成的非致命损伤。

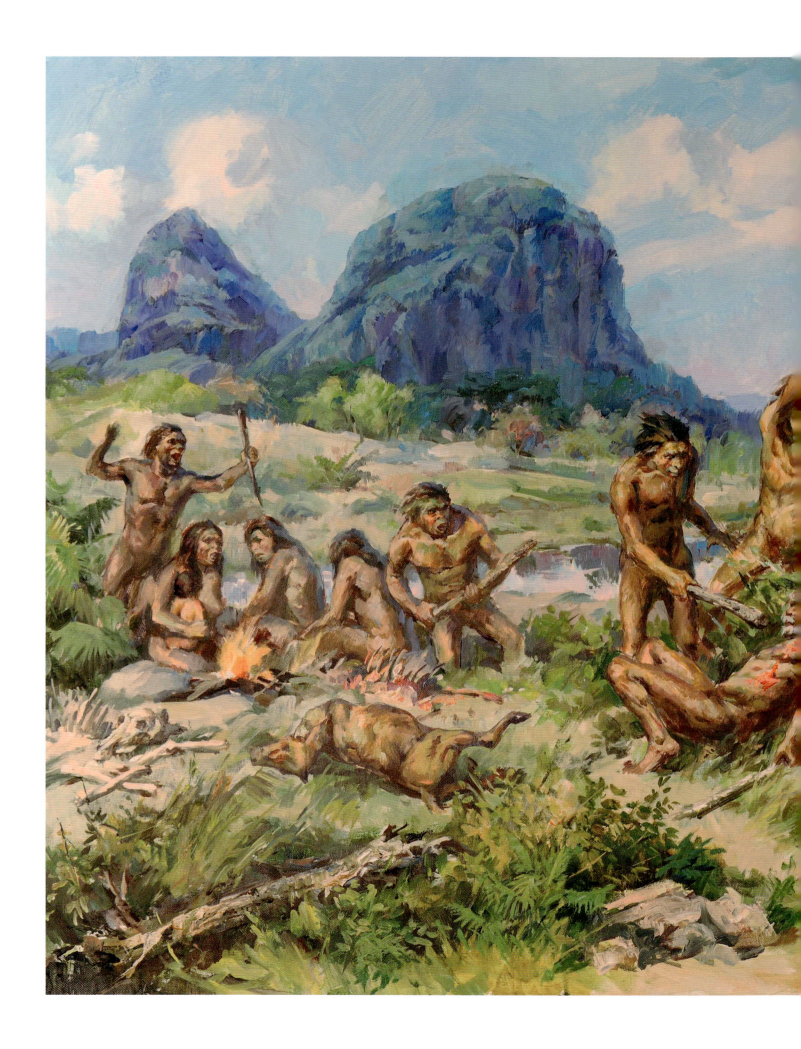

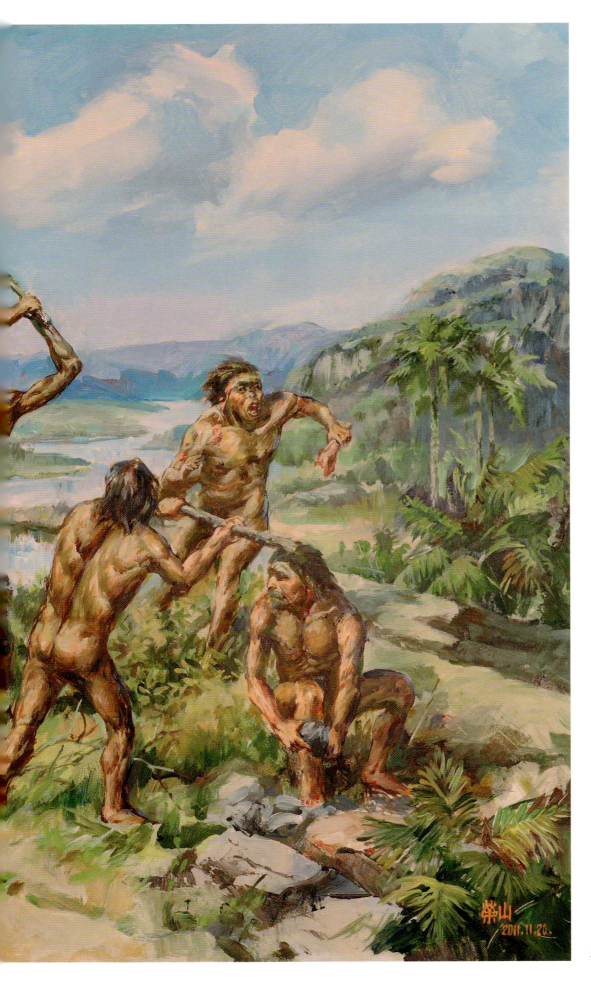

马坝人生活场景（李荣山 绘）

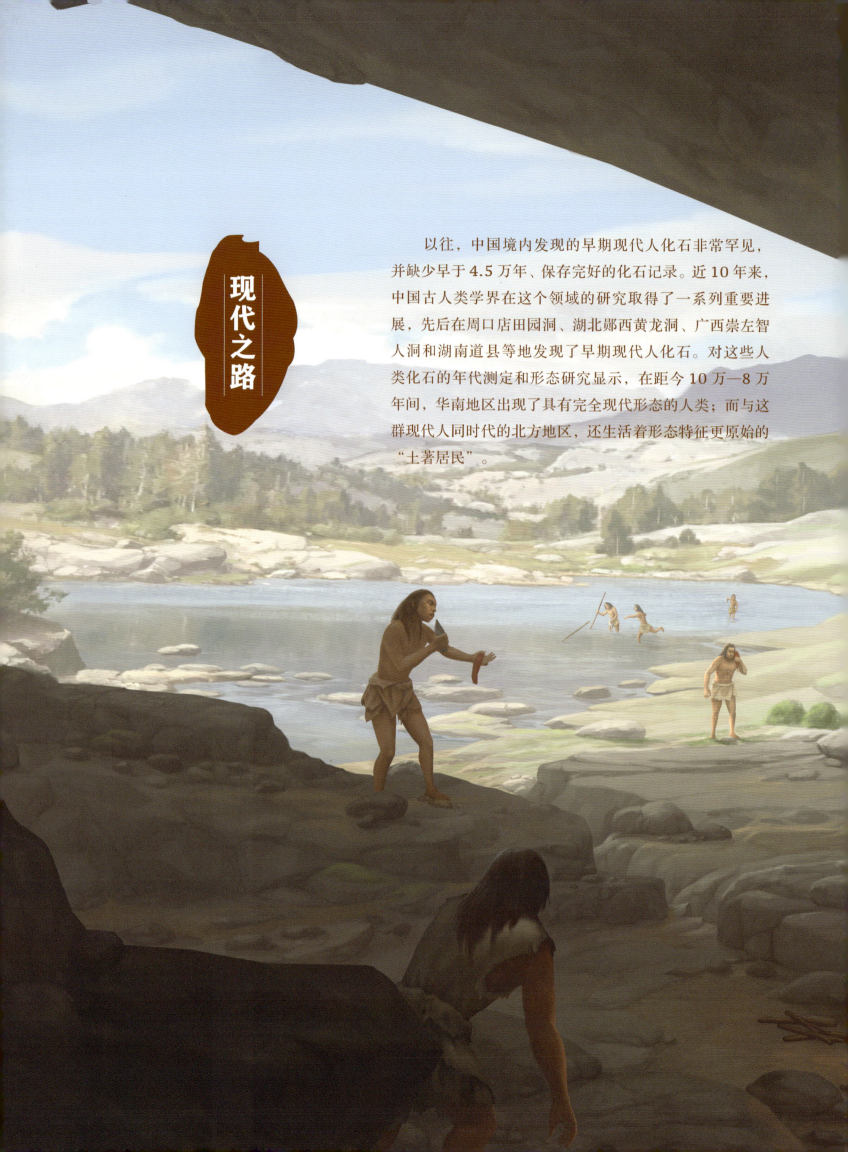

现代之路

　　以往，中国境内发现的早期现代人化石非常罕见，并缺少早于4.5万年、保存完好的化石记录。近10年来，中国古人类学界在这个领域的研究取得了一系列重要进展，先后在周口店田园洞、湖北郧西黄龙洞、广西崇左智人洞和湖南道县等地发现了早期现代人化石。对这些人类化石的年代测定和形态研究显示，在距今10万—8万年间，华南地区出现了具有完全现代形态的人类；而与这群现代人同时代的北方地区，还生活着形态特征更原始的"土著居民"。

早期现代人

　　早期现代人是指体质特征已经与现代人接近，但还保留有部分原始特征的古人类，属于古人类向现代人演化的过渡类型。中国最早的现代人出现在中国南方地区，距今10万年左右。在最近的一个冰期旋回中（10万年至今），人类对包括青藏高原、北方草原带、寒温带地区的各种极端环境的适应能力得到了大幅度的提升。

山顶洞人头骨化石

晚更新世，距今约 3.8 万—3.5 万年
北京周口店山顶洞（第 26 地点）
长 22 厘米，宽 15 厘米，高 14 厘米

　　1933—1934年，周口店第 1 地点顶部的小洞——山顶洞中发掘出人类的 3 个头骨和其他骨骼化石，共代表至少 7 个或 8 个个体。3 个头骨分别属于老年男性、青年女性和中年女性。老年男性个体头顶低矮，额骨较扁塌，眉弓粗壮，有铲形门齿。青年女性头骨曾因长期缠头而致变形，头顶很高，眼眶较低，鼻梨状孔颇宽，嘴部突出。中年女性的头顶正中高耸，两边较平，鼻梨状孔较狭，眼眶较高。这三个头骨有许多共同特征，如头骨硕大、上面部低矮、整个面部中等程度的突出、其下缘呈鼻前窝型等，类似于其他中国晚更新世化石，接近现代黄种人。

山顶洞人制作装饰品

山顶洞人埋葬死者

山顶洞人捕鱼

骨片

晚更新世，距今约 3.8 万—3.5 万年
北京周口店山顶洞
长 5.2 厘米，宽 2.5 厘米，高 1 厘米

穿孔石珠

晚更新世，距今约 3.8 万—3.5 万年
北京周口店山顶洞
长 0.6 厘米，宽 0.5 厘米，高 0.2 厘米

穿孔草鱼眶上骨化石

晚更新世，距今约 3.8 万—3.5 万年
北京周口店山顶洞
长 2.6 厘米，宽 1.4 厘米，高 0.5 厘米

穿孔海蚶壳化石

晚更新世，距今约 3.8 万—3.5 万年
北京周口店山顶洞
长 3 厘米，宽 2.5 厘米，高 1 厘米

石制品

晚更新世，距今约 3.8 万—3.5 万年
北京周口店山顶洞
长 4 厘米，宽 3.5 厘米，高 0.8 厘米

沙鸡跗骨化石

晚更新世，距今约 3.8 万—3.5 万年
北京周口店山顶洞
长 3.6 厘米

北京斑鹿头骨及下颌化石

晚更新世，距今约 3.8 万—3.5 万年
北京周口店山顶洞
长 28 厘米，宽 23 厘米，高 14 厘米

洞熊头骨化石

晚更新世，距今约 3.8 万—3.5 万年
北京周口店山顶洞
长 28 厘米，宽 14 厘米，高 5 厘米

小野狸头骨化石

晚更新世，距今约 3.8 万—3.5 万年
北京周口店山顶洞
长 18 厘米，宽 11 厘米，高 6 厘米

鸵鸟蛋皮化石

晚更新世，距今约 3.8 万—3.5 万年

北京周口店山顶洞

最长 4.6 厘米

田园洞人

田园洞人下颌骨（模型）

晚更新世，距今约 4.2 万—3.9 万年
北京周口店田园洞
长 11.5 厘米，宽 11 厘米，高 6.5 厘米

2001 年，在北京房山周口店田园洞一共发现 34 件人类化石，色泽与质地接近，尺寸比例吻合，没有重复解剖部位。据此推断这些化石来自同一个体，可能属于 40～50 岁男性。根据田园洞人肱骨、桡骨、股骨、胫骨长度分别计算获得的平均身高为 1.72 米。田园洞人类化石包括下颌骨、牙齿、肩胛骨、脊椎骨、肢骨、手部和足部的骨骼等，记载了较多的形态信息。研究显示田园洞人类骨骼和牙齿形态特征表现特点以现代人衍生性特征为主，在下颌骨中表现的最为明显，如具有显著的颏隆突、联合结节及其两侧的凹陷。下颌体厚度明显缩小。

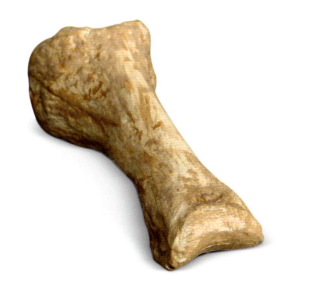

田园洞人脚趾骨化石

晚更新世，距今约 4.2 万—3.9 万年
北京周口店田园洞
长 2 厘米

田园洞人脚趾骨纤细，被一些学者认为是穿鞋的证据。这是东亚古人穿鞋的最早记录。

田园洞人遗址

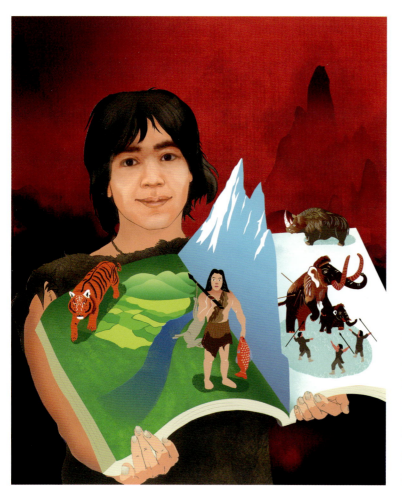

解锁冰河时代东亚人群遗传图谱和适应性基因演化

　　通过对我国东北地区末次盛冰期前后人群的古基因组研究，表明田园洞人相关人群在末次盛冰期（从约2.65年前开始，一直持续到约1.9万年前）前曾广泛分布在欧亚大陆东部地区，部分人群在蒙古与Yana相关人群发生基因交流，但仍然保留有大量田园洞人相关成分，而部分人群则在黑龙江流域长期保持连续性和独立性。而在末次盛冰期末，田园洞人相关人群大范围消失了，最早的东亚古北方人群及与东亚典型体征相关的适应性基因EDAR在此时出现。

田园洞人生活复原图（郭肖聪 绘）

　　2017年，中国科学院古脊椎所分子古生物学研究团队通过古核基因组捕获技术，从田园洞出土的田园洞人腿骨里捕获并测序到较完整的基因组序列，这是中国第一例人类古基因组，也是东亚迄今最早的现代人基因组。

　　通过对田园洞人基因组的分析研究，发现田园洞人虽无直接后代延续至今，但已经呈现出亚洲现代人群特有的遗传特征，可称之为具有遗传意义的古东亚人。田园洞人和现今东亚人群一样含有少量尼安德特人的DNA，令人意外的是他们与同时期遥远的古欧洲人及现今美洲原住民亚马逊人群有着特殊的遗传联系，揭示出东亚早期人群的遗传多样性及遗传历史的复杂性。

尼安德特人的遗传影响

　　1856年，第一例尼安德特人化石——一具男性古人类化石在德国尼安德特河谷的一个山洞中被发现，而后在欧亚大陆西部相继发现了上百个尼安德特人个体化石，他们的体质特征与现代人差异明显。

　　2010年，第一例尼安德特人基因组草图发布。通过对该基因组信息的分析，研究人员发现，现今除非洲人以外的所有现代人的基因组成分里，都存在着1%~4%的尼安德特人成分。进一步的研究发现东亚人所携有的尼安德特人基因比例（2.3%~2.6%）要高于欧洲人（1.8%~2.4%）。这说明现代人的祖先曾与尼安德特人发生过多次互动，而这些互动的痕迹通过DNA被记录下来，成为我们追溯人类遗传历史的依据。

与现代人相比，尼安德特人身材矮而粗壮，脑量相对较大

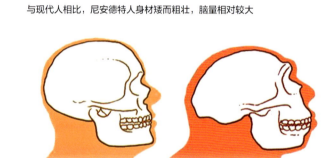

现代人　　　　　尼安德特人

生活在欧亚大陆的现代人，体内最多有 4% 的尼安德特基因。有学者推测，现代人与尼安德特人最早的基因混合发生在 6.5 万年前的中东地区

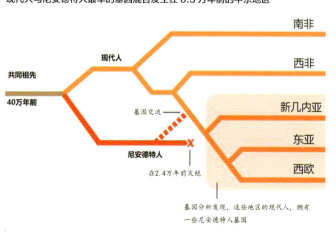

南非

现代人

共同祖先

40万年前

西非

基因交流

新几内亚

东亚

尼安德特人

X

西欧

在2.4万年前灭绝

基因分析发现，这些地区的现代人，拥有一些尼安德特人基因

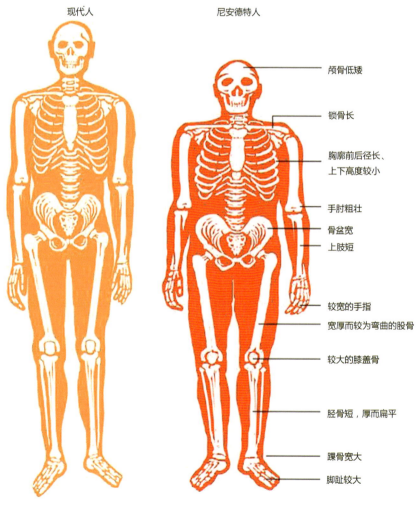

现代人　　　　　尼安德特人

颅骨低矮

锁骨长

胸廓前后径长、上下高度较小

手肘粗壮

骨盆宽

上肢短

较宽的手指

宽厚而较为弯曲的股骨

较大的膝盖骨

胫骨短，厚而扁平

踝骨宽大

脚趾较大

尼安德特人和现代人骨骼对比图

水洞沟遗址

水洞沟遗址发掘现场

　　水洞沟遗址地处宁夏回族自治区灵武市黄河岸边毛乌素沙漠和黄土高原接壤的荒漠区，是中国旧石器时代考古的发祥地。该遗址发现于1923年，从20世纪60年代开始，我国科学家组织了多次发掘和研究。21世纪以来，中国科学院古脊椎动物与古人类研究所联合宁夏文物考古研究所等单位对遗址进行了持续近20年的发掘和研究，大量古人类活动遗存的发现，实证了水洞沟作为早期现代人在东亚迁徙、扩散和技术交流驻足地的丰富内涵，对水洞沟遗址新的发掘与研究被我国"黄土之父"刘东生誉为"中国旧石器考古文艺复兴"的标志。

水洞沟遗址

水洞沟第 1 地点

骨制品

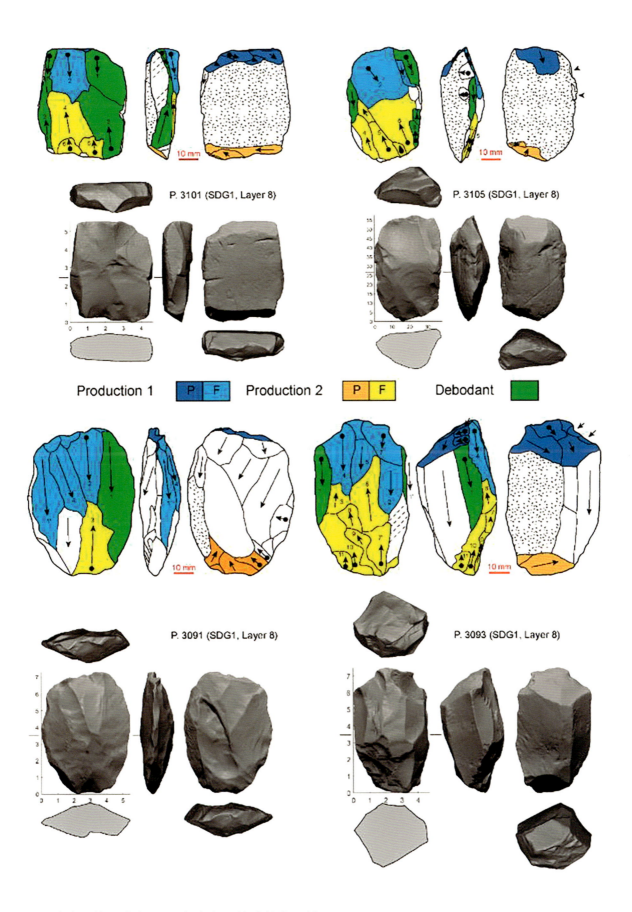

Production 1 | P | F | Production 2 | P | F | Debodant

P. 3101 (SDG1, Layer 8)
P. 3105 (SDG1, Layer 8)
P. 3091 (SDG1, Layer 8)
P. 3093 (SDG1, Layer 8)

水洞沟遗址第 1 地点 1963 年出土石核的技术分析

石器

晚更新世，距今约 4 万—1 万年
宁夏灵武水洞沟
长 4.5 厘米，宽 3 厘米

尖状器

晚更新世，距今约 4 万—1 万年
宁夏灵武水洞沟
长 2.6 厘米，宽 2.5 厘米

尖状器

晚更新世，距今约 4 万—1 万年
宁夏灵武水洞沟
长 7.9 厘米，宽 4.4 厘米

刮削器

晚更新世，距今约 4 万—1 万年
宁夏灵武水洞沟
长 6.5 厘米，宽 6 厘米

圆头刮削器

晚更新世，距今约 4 万—1 万年
宁夏灵武水洞沟
长 6.2 厘米，宽 2.5 厘米

刮削器

晚更新世，距今约 4 万—1 万年
宁夏灵武水洞沟
长 5.8 厘米，宽 4 厘米

尖状器

晚更新世，距今约 4 万—1 万年
宁夏灵武水洞沟
长 6.5 厘米，宽 3 厘米，高 0.8 厘米

尖状器

晚更新世，距今约 4 万—1 万年
宁夏灵武水洞沟
长 3 厘米，宽 1.2 厘米，高 0.7 厘米

刮削器

晚更新世，距今约 4 万—1 万年
宁夏灵武水洞沟
长 3.7 厘米，宽 3.5 厘米，高 1 厘米

圆头刮削器

晚更新世，距今约 4 万—1 万年
宁夏灵武水洞沟
长 3.5 厘米，宽 2.5 厘米，高 0.6 厘米

两面小型砍斫器

晚更新世，距今约 4 万—1 万年

宁夏灵武水洞沟

长 6.5 厘米，宽 6.5 厘米，高 2.2 厘米

河套人

河套人1922年由法国古生物学家桑志华发现。古人类化石为1枚7～8岁小孩的左侧上颌侧门齿，牙齿大小与现代人的相近，呈明显铲形，边缘脊较显著，舌面有明显的底结节。这是在中国境内首次发现的古人类化石，中国的古人类学研究就此起步。

河套人门齿化石

晚更新世，距今约12.5万—3.5万年
内蒙古乌审旗萨拉乌苏河岸
长3厘米，宽3厘米，高3厘米

资阳人

资阳人遗址

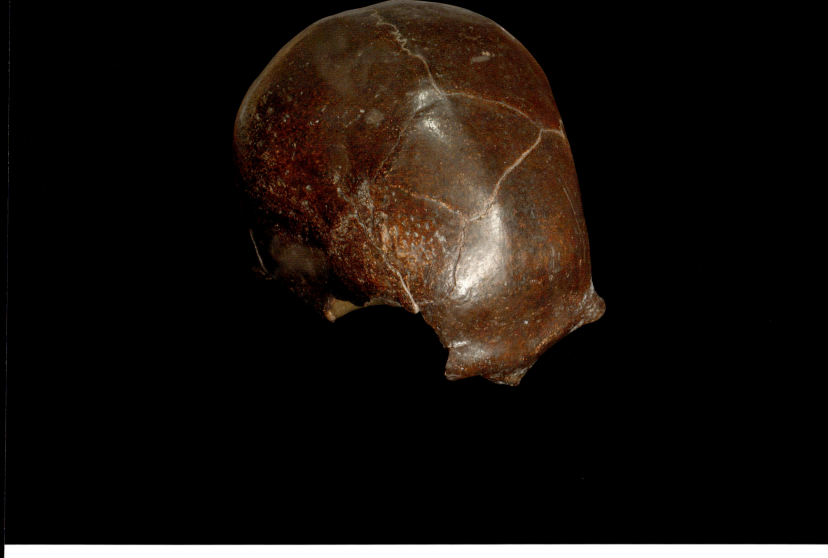

资阳人头盖骨化石

晚更新世，距今约 3 万年
四川资阳
长 17 厘米，宽 13.5 厘米，高 13 厘米

    1951 年在修建新中国第一条铁路——成渝铁路时，资阳人头盖骨化石被发现于四川资阳县。头骨的颅顶部分保存完整，颅底大部缺失，面颅大部缺损，上颌牙齿全部脱落，仅有左侧第二前臼齿的齿根保存于齿窝内。根据头骨表面平滑及内面的骨缝几乎全部愈合的特征判断，这可能是一个 50 岁以上女性的头骨化石。资阳人头骨的形态特征与现代人已基本相似，生物分类上归于早期现代人。

峙峪遗址

　　峙峪遗址位于山西朔县峙峪村附近，是我国北方旧石器时代晚期重要遗址。动物化石的碳14年代为3.2万—2.9万年。文化遗物包括古人类枕骨化石、石制品、装饰品、具有刻划痕迹的动物化石和烧骨等。出土的动物化石中马科动物占比较大，因此研究者也将峙峪遗址的利用者称为"猎马人"。峙峪文化承前启后，尤其在石制品制造技术上，展现出细石器文化的技术萌芽，孕育着华北细石器文化的诞生。

峙峪遗址

（山西省考古研究院　袁文明　供图）

马
鞍
山
遗
址

马鞍山遗址位于贵州省北部桐梓县，是我国旧石器多元文化的代表，是西南部文化区系的组成部分。马鞍山遗址出土的这批骨角制品源于遗址上部堆积的多个层位，其中相对较早的第6、第5层出现的工具类型包括骨锥、骨矛头及楔形器等，这是迄今为止中国境内发现的年代最早的骨角制品（碳14校正年代为3.5万—3.4万年）；遗址第3层（碳14校正年代为2.3万—1.8万年）出土了鱼镖、箭头等骨质工具。

马鞍山遗址

骨质箭头

晚更新世，距今约 2.3 万—1.8 万年
贵州马鞍山遗址

骨质鱼镖

晚更新世，距今约 2.3 万—1.8 万年
贵州马鞍山遗址

马鞍山遗址骨制品

崇左人

崇左人化石在 2007—2008 年于广西崇左木榄山智人洞出土，距今约 11.3 万—10 万年前。崇左人可能代表了生活于东亚的最早的现代人，是现代人多地区起源学说和东亚现代人本土起源学说的重要化石证据，是讲述中国大地古人类起源、发展和演化不可缺少的一环。

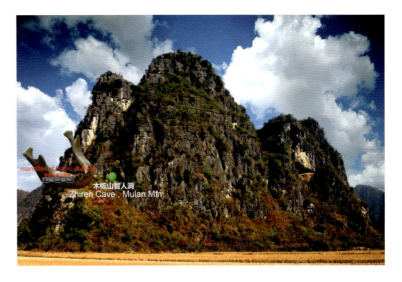

智人洞

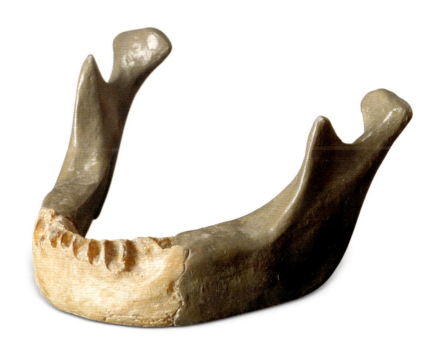

崇左人下颌骨化石

晚更新世，距今约 11.3 万—10 万年
广西崇左木榄山
长 12 厘米，宽 11.5 厘米，高 5 厘米

崇左人遗址

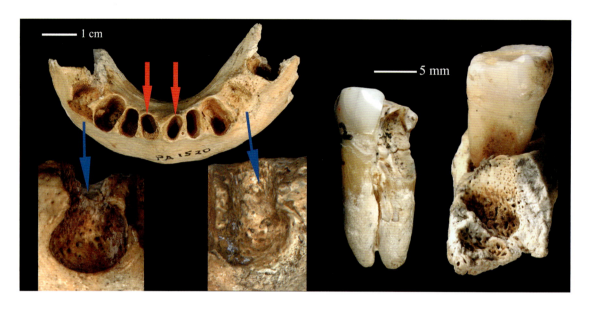

崇左人残破下颌前部断块

亚洲象牙齿化石

晚更新世，距今约 11.3 万—10 万年
广西崇左木榄山
长 11.5 厘米，宽 4.5 厘米，高 9 厘米

江南象牙齿化石

晚更新世，距今约 11.3 万—10 万年
广西崇左木榄山
长 15 厘米，宽 9 厘米，高 9 厘米

小孤山遗址

小孤山遗址位于辽宁海城，自20世纪80年代以来做过多次发掘，从下部堆积层出土了上万件石制品、一批制作精美的骨角制品和由40个种组成的含猛犸象、披毛犀的晚更新世哺乳动物群。地层年代被测定为距今8万—1.7万年，主要文化遗存出自约3万年前的层位，属旧石器时代晚期。

小孤山遗址布方图

小孤山遗址考古发掘现场

骨质渔叉

晚更新世，距今约 5.6 万—3 万年

辽宁海城小孤山

长 18 厘米，宽 2.5 厘米，高 1 厘米

骨针

晚更新世，距今约 5.6 万—3 万年

辽宁海城小孤山

长 6.1 厘米，宽 0.3 厘米，高 0.3 厘米

穿孔兽牙齿根（模型）

晚更新世，距今约 5.6 万—3 万年

辽宁海城小孤山

长 1.5 厘米，宽 0.5 厘米，高 0.2 厘米

穿孔小圆盘

晚更新世，距今约 5.6 万—3 万年
辽宁海城小孤山
长 2.6 厘米，宽 2 厘米，高 0.5 厘米

单刃刮削器

晚更新世，距今约 5.6 万—1.7 万年
辽宁海城小孤山
长 4.5 厘米，宽 2.5 厘米，高 1 厘米

尼阿底遺址

尼阿底遺址是西藏首個具有確切地層和年代學依據的舊石器時代遺址，將人類首次登上青藏高原的歷史前推到距今約4萬年前，遺址海拔4600米，是世界範圍內史前人類征服高海拔極端環境的最高、最早紀錄。

尼阿底遺址

尼阿底遺址考古發掘現場

石核

晚更新世，距今约 4 万年
西藏尼阿底
长 13 厘米，宽 6 厘米，高 9 厘米

石片

晚更新世，距今约 4 万年
西藏尼阿底
长 8.1 厘米

石核

晚更新世，距今约 4 万年
西藏尼阿底
长 13.9 厘米

石叶

晚更新世，距今约 4 万年
西藏尼阿底
长 10.3 厘米

边刮器

晚更新世，距今约 4 万年
西藏尼阿底
长 10.1 厘米

现代人群的扩散

　　随着世界范围内古DNA数据的不断积累，这些带着时空信息的基因组数据能够帮助我们绘制出更加精细的全球人群的迁徙与交流图景。研究显示，末次盛冰期以后，气候趋于稳定，人群的迁徙与交流活动开始频繁起来。全球不同地区的人群呈现出不同的规律，有些地区以内部人群互动为主，呈现出长时间的人群连续性；有些地区则出现了多次的人群混合和取代。不同人群的迁徙与互动，以及后续相关历史事件的影响，逐步形成了全球人群的大致格局。

古DNA研究

古DNA是指保存在化石或亚化石材料（包括如骨骼、牙齿、贝壳等硬组织材料，及如木乃伊的皮肤和毛发等软组织材料）和沉积物里的片段极短、被降解的DNA。古DNA研究是基于现代分子生物学技术——分子克隆、聚合酶链反应（PCR）、杂交捕获、二代测序技术等提取、扩增和测序技术，融合生物信息学、遗传学的分析方法而产生并不断发展起来的、直接从化石或亚化石材料中提取和解析古DNA信息的前沿交叉学科领域。

以多学科交叉、高新技术应用、微观维度拓深为特征的古DNA研究，在探索人类起源、演化、迁徙、融合及环境适应等重要科学问题上具有独特优势。通过古DNA，研究人员能够直接探究数十万年至数百年前人类个体的遗传成分和基因的混杂模式，并用于比较过去人群与现代人群之间在谱系关系上独特、定量的信息——某些遗传差异或亲缘联系，从而揭示人类演化过程中的细节。

古DNA样品的野外采集

古核 DNA 捕获技术

古DNA研究中的最大难题就是从"污染"严重的古生物样本中捕获非常微量的内源DNA。中国科学院古脊椎动物与古人类研究所分子古生物学研究团队经过大量实验尝试、改进和验证，最终共同开发出一种高效的古核DNA捕获技术，利用人类DNA的相似性，用现代人DNA设计出针对目标DNA的特异性、互相吸引的"探针"，成功地从田园洞人化石中将仅占0.03%的人类DNA，从大量环境微生物DNA中吸附、富集并"钓取"出来，使得田园洞人相关的DNA片段达到46.8%。

1. 采集沉积物样本

古 DNA 实验人员通常会前往考古遗址或博物馆采集相关实验和研究样本。古 DNA 研究的对象非常多样，包括生物骨骸（如人类或动物的头骨、髋骨肢骨、指骨、牙齿等）、动物皮毛、植物遗存、遗址沉积物（也就是"土"）、陶器等遗址出土的各种材料。根据不同保存环境，从数百万年到数百年前的考古遗存材料，都可以开展古 DNA 实验与研究。

2. 古 DNA 超净室

古 DNA 实验人员通常在严格避免外源污染的超净实验室里进行前端样品制备（如骨粉）和古 DNA 提取建库实验：如针对生物骨骼样本，将用钻针对特定位置进行微损取样，钻取 10~50 mg 骨粉；而后经过一系列提取和纯化试剂溶液的反应，将骨粉中的蛋白质等杂质去除、洗脱、提取出所需要的 DNA 片段，这些提取的 DNA 片段非常短而破碎，需再进行建库实验（为 DNA 短片段加上特定接头），使它们构建为具特异性、有规律且更为稳定的长片段。

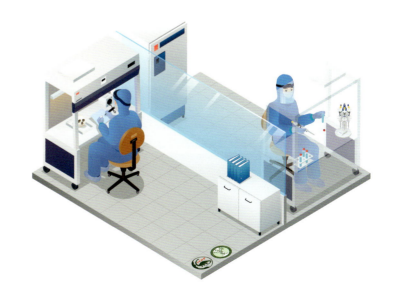

3. 扩增捕获室

　　古 DNA 实验人员通常在常规实验室里用 PCR 技术对所提取 DNA 片段进行扩增，以得到大量样品。PCR 扩增后的产物中混合有大量环境微生物或其他外源污染的 DNA，对此将用一种特异性探针，像钓饵一般在 DNA 片段的混合物中将目标内源 DNA 吸附、"钓取"、捕获出来。古 DNA 研究所需捕获的 DNA 包括线粒体 DNA 和核 DNA 两种，针对不同类型将设计不同的"钓饵"探针进行实验。

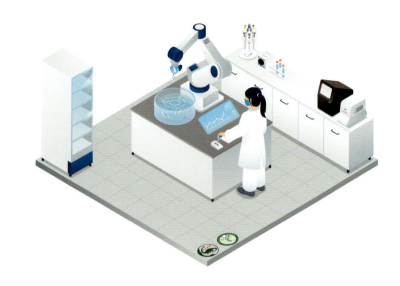

4. 定量测序室

　　古 DNA 实验人员在一系列实验后将运用测序仪对所捕获的 DNA 片段进行定量和测序。古 DNA 因降解而高度片段化，使得传统方法无法对其进行大规模测序，而高通量测序技术的发展和应用可使古 DNA 片段得以高效快速测序，获得高通量的数据信息；而后研究人员通过生物信息学手段进行数据处理，包括筛选出存在古 DNA 损伤的片段、进行序列比对组装等，获得真实可靠的古 DNA 数据。

用古DNA追溯中国南北方人群格局的形成

古DNA证据显示，中国万年以来主体人群基本保持了遗传连续性。我国南北两地的人群在万年以前已出现遗传差异，至少从距今约1.9万年起，沿黄河流域直到黑龙江流域的人群都携有东亚古北方人群遗传成分；而至少从距今约1.2万年起，东南沿海大陆及毗邻岛屿人群都携有东亚古南方人群遗传成分，这两种遗传成分明显不同。

在之后的新石器时代，至少从距今约8300年起，我国南北两地人群开始发生双向的迁徙流动和基因融合，在4800年前出现强化趋势，一直持续到现在，基本形成了现在中国人群的遗传结构。

研究观察到，现今我国不管是来自北方还是南方的人群，都同时混合有不同比例的古北方人群成分和古南方人群成分。比如，我国现在大部分省市的汉族人群，携有东亚古北方人群成分和古南方人群成分的混合比例基本相似；而我国台湾岛的泰雅人、阿美人等，则携有更多的古南方人群成分。

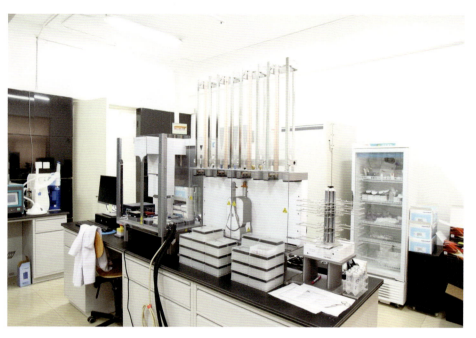

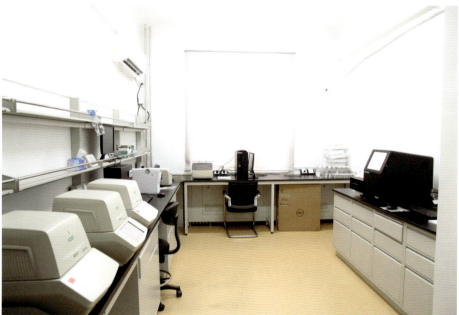

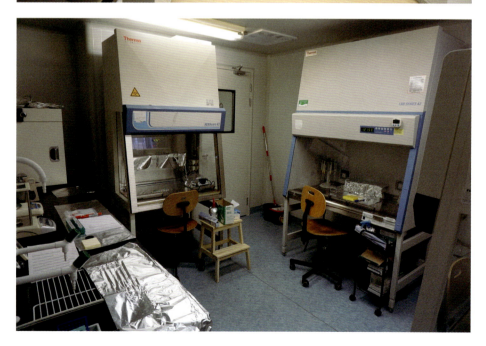

古 DNA 研究实验室

取样使用的钻针

在超净室里钻取骨粉

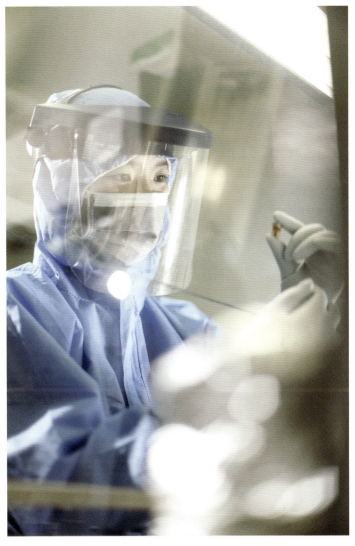

选取骨骼样本的钻取位置

结束语

　　大约 1.2 万年前，末次盛冰期结束，全球升温，气候回暖，随着地球从更新世进入全新世，人类也开始从依赖自然赐予的旧石器时代走向改造自然的新石器时代。经过旧石器时代的经验积累，人类在农业、手工业、家畜饲养等方面迅速发展，逐步形成众多新石器时代文化。旧石器时代向新石器时代的过渡，就是从利用天然产物的"攫取性经济"转变为以种植农业、饲养家畜为主的"生产性经济"的过程。狩猎、采集、捕捞活动已逐步退居次要地位，文化面貌也有了极大改观。这一时期，世界各地人群快速扩张、迁徙、流动，中国境内南北方人群也发生了基因融合并逐渐强化，基本形成了当今中国人群的遗传结构，人口遍布中华大地大部分地区。与此同时，生产工具的制作出现飞跃式进步，以磨制石器、制陶和纺织为主的手工业也逐渐向专业化发展。人类的生活方式由小规模群体发展成为规模较大的氏族社会，开始出现长期定居的聚落，人口显著增长。各种新石器时代文化不断融合发展，到末期已进入文明社会。新石器时代是中国远古时期经济发展、文化进步的新起点，为中华文明起源奠定了基础。

東方故鄉

Oriental Homeland

中华大地百万年人类史

Million-Year Journey Through Human History in China

中国国家博物馆
中国科学院古脊椎动物
与古人类研究所

主 办

人字洞

陈瑜 绘

小种大熊猫

江南中华乳齿

粗壮丽牛

模型
安徽繁昌人字洞
早更新世早期（距今约256-220万年）

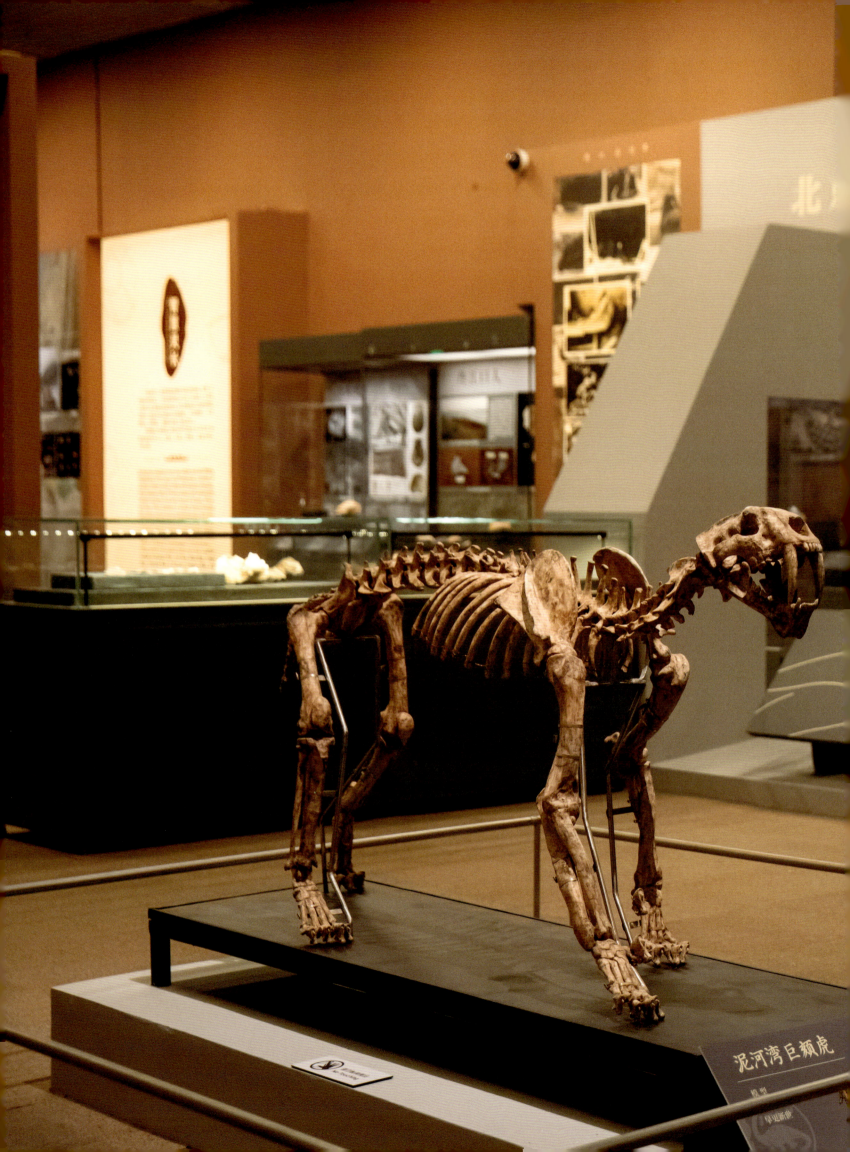

泥河湾巨颏虎

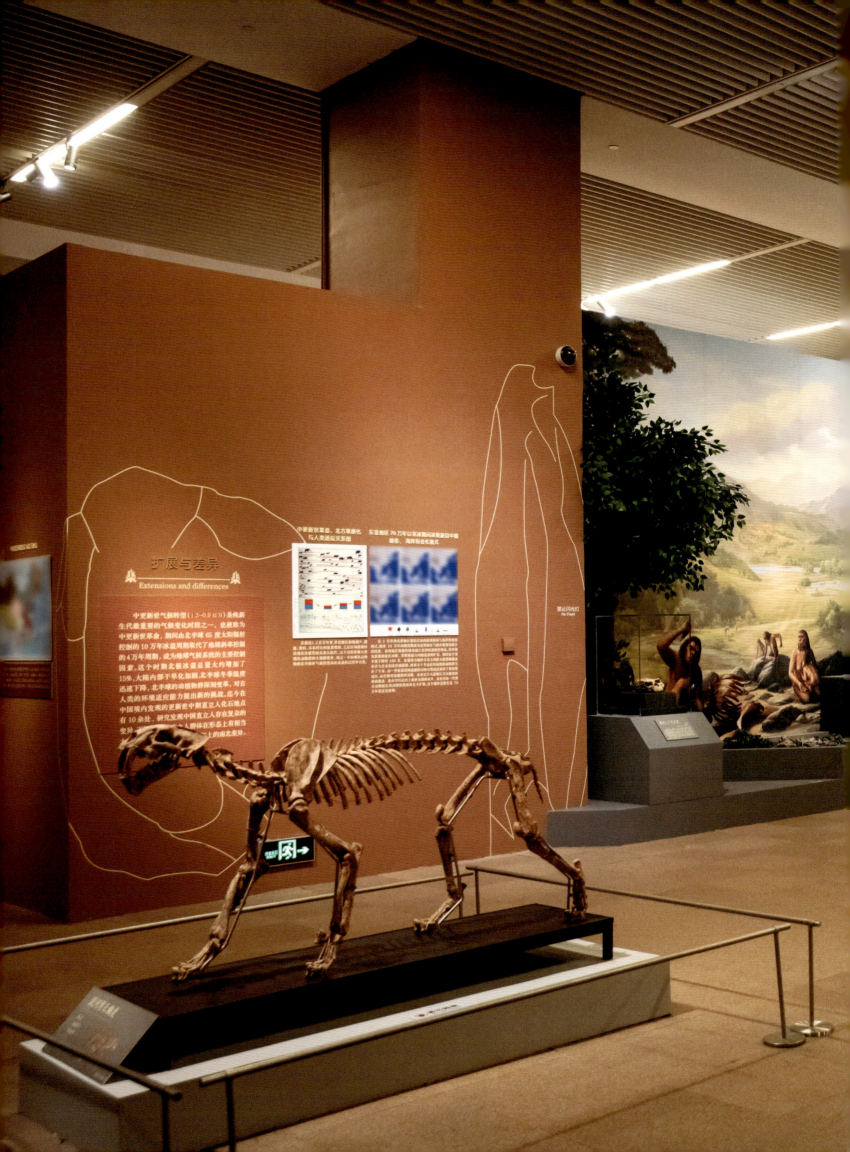

扩展与差异
Extensions and differences

中更新世气候转型（1.2—0.9百万年）是晚新生代最重要的气候变化时段之一，也被称为中更新世革命，期间由北半球65度太阳辐射控制的10万年冰盖周期取代了地球轨道半控制的4万年周期，成为地球气候系统的主要控制因素。这个时期北极冰量总量大约增加了15%，大陆内部干旱化加剧，北半球冬季温度迅速下降，北半球的动植物群面深刻变革，对古人类的环境适应能力提出新的挑战。迄今在中国境内发现的更新世中期直立人化石地点有10余处，研究发现中国直立人存在复杂的变异，古人类人群体在形态上有相当的程度上的南北差异。

中更新世革命、北方草原化与人类适应关系图

东亚地区 70 万年以来冰期间冰期反复导致中国暖带、海带季节变化模式

禁止闪光灯
No Flash

洞熊

金牛山人

马坝人　　华龙洞人　　大荔人

许家窑人　　许昌人　　哈尔滨人　　夏河人　　□□溶洞遗址地层剖面图

许家窑遗址

许昌人发掘现场

夏河人下颌骨化石

许昌人制作和
使用的石制品

哈尔滨人复原图（勘阳绘）

1977年杨钟健在许家窑遗址现场

哈尔滨人头盖骨

夏河人下颌骨

① T3
②
~45 ka
③
~60 ka
④
⑤
⑥
⑦
~100 ka
⑧

马鞍山　尼阿底　小孤山

崇左人　柿峪　资阳人　河套人

水洞沟

水洞沟第 2、7、8 地点出土的装饰品

水洞沟遗址出土工具石制品技术解析

北方区最旧的水洞沟磨制石器

水洞沟第 12 地点出土的骨制品

水洞沟第 1 地点出土的石针

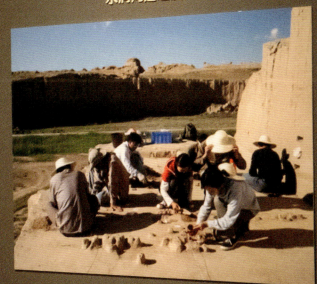

水洞沟遗址发掘

古 DNA 样品的野外采集

取沉积物   采集人骨样本

　　古 DNA 是指保存在化石或亚化石材料（包括如骨骼、牙齿、贝壳等硬组织材料，及如木乃伊的皮肤和毛发等软组织材料）和沉积物里的片段极短、被降解的 DNA。古 DNA 研究是基于现代分子生物学技术——分子克隆、聚合酶链反应（PCR）、杂交捕获、二代测予技术等提取、扩增和测序技术，融合生物信息学、遗传学的分析方法面产生并不断发展起来的，直接从化石或亚化石材料中提取和解析古 DNA 信息的前沿交叉学科领域。

　　以多学科交叉、高新技术应用、微观维度拓深为特征的古 DNA 研究，在探索人类起源、演化、迁徙、融合及环境适应等重要科学问题上具有独特优势。通过古 DNA，研究人员能够直接探究数十万年至数百年前人类个体的遗传成分和基因的混杂模式，并用于比较过去人群与现代人群在谱系关系上缢特、定量的信息——某些遗传差异或亲缘联系，从而揭示人类演化过程中的细节。

古 DNA 类谱末次冰期后我国南方主要现代人群迁徙扩散图

古 DNA 所反映末次冰期后我国南方现代人群的迁徙融合图

现代

Hypermod...

随着古 DNA 技术与研究的发展，中国科学院古脊椎动物与古人类研究所分子古生物学实验室的研究团队在中国范围内测序开发了超 350 例古人类全基因组数据，囊括 750 例古人大规模的全基因组数据，可追溯至距今 40,000 到 100 年间，地理位点遍及东北亚、黄河流域等华北地区、藏区、西南、岭南等东南沿海地区、广西等西南地区。其中，以华夏古稻作农耕人群遗传成分为主要人群，南方人群的遗传多样性。早为约 40,000 年前的北京田园洞人约的 11,000 年前的广西隆林人群延及到全新世的东亚沿海现代居民，由此以北方人群向南过程为主的双向过程及更为复杂的迁徙融合。同时，南方人群南迁以及太平洋岛屿现代人群向大陆地区的群体与中原、敦亚东部，东北亚，东南亚以太平洋洋等现代人群迁徙交流。

崇左人　峙峪　资阳人　河套人

尼阿底遗址

图书在版编目（CIP）数据

东方故乡：中华大地百万年人类史 / 高政主编 .

北京：北京时代华文书局，2025. 3. -- ISBN 978-7
-5699-5904-8

Ⅰ . C958

中国国家版本馆 CIP 数据核字第 20254DF701 号

DONGFANG GUXIANG: ZHONGHUA DADI BAIWAN NIAN RENLEI SHI

出 版 人：陈　涛
项目统筹：余　玲
责任编辑：张正萌
执行编辑：田思圆
责任校对：陈冬梅
装帧设计：邓瑞平
责任印制：刘　银

出版发行：北京时代华文书局 http://www.bjsdsj.com.cn
　　　　　北京市东城区安定门外大街 138 号皇城国际大厦 A 座 8 层
　　　　　邮编：100011　电话：010-64263661 64261528
印　　刷：北京雅昌艺术印刷有限公司
开　　本：965 mm×1270 mm　1/16　　成品尺寸：235 mm×305 mm
印　　张：15　　　　　　　　　　　　字　　数：192 千字
版　　次：2025 年 3 月第 1 版　　　　印　　次：2025 年 3 月第 1 次印刷
定　　价：580.00 元